Demokratie

Till van Rahden ist Historiker und lehrt Deutschland- und Europastudien an der Université de Montréal in Kanada.

Till van Rahden

Demokratie

Eine gefährdete Lebensform

Campus Verlag
Frankfurt/New York

MIX
Papier aus verantwortungsvollen Quellen
FSC® C089473

ISBN 978-3-593-51134-4 Print
ISBN 978-3-593-44279-2 E-Book (PDF)
ISBN 978-3-593-44280-8 E-Book (EPUB)

Umschlaggestaltung: Guido Klütsch, Köln
Satz: DeinSatz Marburg | tn
Gesetzt aus der Scala und der Scala Sans
Druck und Bindung: Beltz Grafische Betriebe GmbH, Bad Langensalza
Printed in Germany

www.campus.de

Für Julia

Inhalt

Einleitung

Eine Frage der Form oder: Wie die Demokratie ihre Fassung bewahrt

Lange galt die liberale Demokratie als selbstverständlich. Gegenwärtig treibt jedoch viele Menschen die Sorge um, sie könnte sich im Niedergang befinden. Die Demokratie erscheint ihnen als gefährdet. Immer mehr Bürgerinnen und Bürger distanzieren sich von der Politik, die Volksparteien verlieren seit Jahren an Bindekraft, digitale Filterblasen ersetzen zunehmend die öffentliche Debatte. Weltweit erscheinen Studien, die mit der Frage befasst sind, wie die Demokratie in die Krise geraten ist, wie sie zunehmend »degeneriert« oder wie sie sich selbst hat abschaffen können. In Deutschland befürchten viele, die Bundesrepublik werde sich als Schönwetterdemokratie erweisen, die der Wiedergeburt autoritärer Bewegungen hilflos zusehen muss. Manche sprechen gar von einer »großen Regression«, im Zuge derer sich grundlegende zivilisatorische Errungenschaften als brüchig erweisen. Wir scheinen Zeugen einer Zeitenwende zu sein, bei der das Überleben unserer Demokratien auf dem Spiel steht.[1]

Gewiss: Nichts ist für die Ewigkeit. Doch gerade deshalb soll hier eine andere Perspektive entfaltet werden. Statt darauf zu starren, wie Demokratien sterben, geht dieses Buch der Frage nach, was sie am Leben erhält. Die folgenden Überlegungen knüpfen an die verbreitete Krisendiagnose an, ohne dabei in Verzweiflung zu geraten. Wer über die Gefährdung der Demokratie redet, kann die Lust am Untergang pflegen oder mit Albert Hirschman nach Wegen suchen, wie die Demokratie ihre Fassung bewahrt.[2] Wer so fragt, erinnert zugleich daran, dass die Demokratie eine fragile Ordnung ist, die ohne sorgfältige Pflege »in der Luft« hängt.[3] Sie erschöpft sich nicht im Gang zur Wahlurne, in Parteiarbeit, in Parlamentsdebatten oder im Mit- und Gegeneinander der drei Gewalten. Demokratie ist nicht allein eine Herrschaftsform. Die Diagnose ihrer Krise schärft das Bewusstsein dafür, dass Demokratie nichts weniger ist als eine Lebensform.

Das Bild von der Demokratie als Lebensform verweist auf eine politische Tradition, die mit Namen wie Montesquieu oder David Hume, Immanuel Kant oder Alexis de Tocqueville, John Dewey oder Sydney Hook verknüpft ist. Zwar verbreitet sich die Formulierung von der Demokratie als Lebensform erst im Schatten der Krise der liberalen Demokratie in den dreißiger und frühen vierziger Jahren des 20. Jahrhunderts. Doch die Frage, ob jede Staatsform spezifische Lebensformen, ihre eigenen Sitten, ein *ethos, manners* beziehungsweise *mœurs* voraussetzt, ist älter. Die Annahme einer wechselseitigen Verschränkung zwischen dem Staat und dem Alltagsleben bildet auch den Hintergrund für die Debatte zwischen John Locke und Robert Filmer über das Patriarchat, für die Diskussion der Aufklärer über die »polite society« oder die »ungesellige Geselligkeit« – ob in Edinburgh oder Genf, Königsberg oder Philadelphia. So altfränkisch die Sprache der Aufklärung heute anmuten mag: Es könnte gerade in der gegenwärtigen Krise der liberalen Demokratie fruchtbar sein, sich an ältere Begriffe und Argumente zu erinnern, die das erste Zeitalter der demokratischen Revolutionen prägten, wenn wir versuchen, die Frage nach den Voraussetzungen der liberalen Demokratie in ihrer Widersprüchlichkeit ernst zu nehmen.[4]

Damit öffnet sich der Blick für die kulturellen und sozialen Voraussetzungen der Demokratie. Dieses Thema begleitet die moderne Demokratie seit ihrer Geburt im 17. und 18. Jahrhundert. In der Erinnerung an diese Debatten blitzt ein Gespür dafür auf, dass wir die Demokratie als Herrschafts- und als Lebensform ausprobieren, immer wieder neu entwerfen und einüben müssen. Der Ausgang des Experiments ist offen. Die Einsicht, dass die Demokratie notwendigerweise gefährdet ist, läuft ins Leere, wenn sie nicht ein Nachdenken darüber provoziert, was die Demokratie am Leben erhält. Bereits 1762 warnte Jean-Jacques Rousseau, dass »keine Regierungsform Bürgerkriegen und inneren Gärungen so ausgesetzt ist wie gerade die demokratische oder Volksregierung«. Keine andere Staatsform neige daher »so stark und dauernd zu Umwälzungen« und verlange »mehr Umsicht und Mut zu ihrer Erhaltung«. In der Demokratie müsse »sich jeder [...] wappnen und jeden Tag seines Lebens« wiederholen, »was ein edler Woiwode im polnischen Reichstag zu sagen pflegte: ›Lieber Freiheit und Gefahr als Sklaverei und ungestörte Ruhe‹«.[5]

Ähnliche Fragen beschäftigten die Gründungsväter der amerikanischen Republik. Nachdem der Konvent von Philadelphia nach knapp viermonatigen Beratungen am 17. September 1787 dem amerikanischen Kongress einen Verfassungsentwurf vorgelegt hatte, machte eine Anekdote die Runde: Als Benjamin Franklin nach der Unterzeichnung des Entwurfs den Konvent verließ, sprach ihn Elizabeth Powel an. »Nun Herr Doktor«, fragte die 44-jährige Frau des Bürgermeisters und führende Salonière der Stadt, »haben wir nun eine Republik oder eine Monarchie?«. »Eine Republik«, antwortete Franklin, »if you can keep it«.[6] Dass das Überleben eines Gemeinwesens der Freien und Gleichen im Ernstfall vom bürgerlichen Engagement abhängt, diese Einsicht Franklins erwies sich als umso wichtiger, je mehr sich die junge amerikanische Republik seit den 1830er Jahren in eine moderne Demokratie (aller weißen Männer) verwandelte.[7] Übertragen auf die Krise der Demokratie im frühen 21. Jahrhundert steht damit die Frage im Raum, was zu tun ist, damit die Demokratie ihre Fassung bewahrt.

Die Schwierigkeit, Antworten zu finden, beginnt damit, dass der Begriff der Demokratie zwar seit dem späten 18. Jahrhundert zu einem Schlagwort der politischen Sprache wurde, doch schwer zu fassen ist.[8] Zedlers *Universal-Lexikon* definierte 1734 die Demokratie als »eine ordentliche Regiments-Form, in welcher die Majestät bey dem gesammten Volck ist«. Daher werde sie »auch *politeia*, res publica, ein gemeines Wesen« genannt. Die Monarchie sei der Demokratie grundsätzlich überlegen. Nach dem Mehrheitsprinzip zähle nur »die Vielheit derer Stimmen«, nicht aber »ihre wahre Wichtigkeit«. »Erfahren, klug und wohlgesinnet« seien nur wenige Bürger, die meisten dagegen »böse und unverständig«.[9] Im Jahr der Amerikanischen Revolution bestimmte Krünitz' *Oekonomische Encyklopädie* die Demokratie als die »Regierungsform einer Republik, da das ganze Volk zusammen die höchste Gewalt besitzt und solche ausübt«. Daher gebe man ihr »in Gemählden [...] einen Granatapfel in die Hand, als das Sinnbild eines an einem Orte versammelten einigen Volks«. Zwar habe allein das Volk die »oberste Macht«, doch hänge der Bestand einer Demokratie davon ab, dass es »seine eigene Macht [...] mäßige«, »in wie weit es die Weisheit und das gemeinschaftliche Beste der Republik erfordert«.[10]

Das konservative *Staats- und Gesellschafts-Lexikon* notierte 1861, sobald man über die Demokratie spreche, »treten die Meinungen in die schärfsten Gegensätze«.[11] Das zeige sich vor allem in den Debatten über das Verhältnis der Demokratie zur Stände- und Geschlechterordnung. Im Zuge der demokratischen Revolutionen seit dem späten 18. Jahrhundert sei eine für den Staat wie die Gesellschaft grundlegende Unterscheidung verwischt worden, nämlich der Unterschied zwischen dem *populus* beziehungsweise *demos* als dem Stand der tugendhaften Bürger und Adeligen und dem *plebs* beziehungsweise dem *ochlos* als der »große[n] Menge oder dem großen Haufen«. Wie abwegig die Idee der »Staatsherrschaft« von »Allen« ist, zeige sich darin, dass die »reine Demokratie« das »weibliche

Geschlecht, als die volle Hälfte Aller nicht ausschließen dürfe«. Im Idealfall entspricht die Demokratie der Staatsverfassung der »Aristokratie«, sofern diese »den Charakter einer bürgerlichen Gemeindeverfassung« trägt.[12] Liberale und Radikale hätten den Begriff des *populus* dagegen auf den »großen Haufen« ausgedehnt. Das, was ihnen als Demokratie gelte, sei eigentlich nur eine »Ochlokratie«, sprich: die Herrschaft des Pöbels.[13] Das zeige sich vor allem in den dank »Gewerbe und Handel« reichen Städten. Das Geld habe zuerst »die bürgerliche Gesellschaft« aufgelöst und schließlich »der Ochlokratie [...] den Weg« gebahnt.[14] Der moralische Kollateralschaden sei verheerend. Die Pöbelherrschaft schwäche die »alten republikanischen Tugenden, der Mäßigung und Bescheidenheit, namentlich des stillen, bürgerlichen Wirkens für das Gemeindewohl«.[15] Über politische Urteilskraft verfüge aber nur die »kleine Minderzahl« der tugendhaften Bürger. Die moderne Demokratie ist die Stunde der Demagogen, die Ochlokratie immer auch die Herrschaft der »Dummen« über die »Klugen«.[16]

So breit das Spektrum der Bestimmungen ist und so fremd uns manche Argumente erscheinen mögen, spiegelt sich in ihnen ein nagender Zweifel, der die Idee der Demokratie bis heute begleitet: Verfügt der gemeine Mann, später auch die gemeine Frau, wirklich über die nötige politische und moralische Urteilskraft, Klugheit und intellektuelle Unabhängigkeit, um die komplexen Herausforderungen der Moderne zu bewältigen? Zwar hatten Vordenker der Demokratie sich immer wieder auf die Gefallenenrede des Perikles berufen: freie und gleiche Bürger sind fähig, »die Staatsangelegenheiten völlig hinreichend zu beurteilen, auch wenn« sie sich »anderen Aufgaben« zuwenden.[17] Doch war die Kritik an dieser Annahme nie verstummt. Ist die Quelle aller Staatsgewalt und politischen Legitimität nicht mehr die Gnade Gottes, sondern die freiwillige Zustimmung aller mündigen Bürgerinnen und Bürger, ergibt sich das Problem, auf welchen sozialen und kulturellen Voraussetzungen die demokratische Mündigkeit und Urteilskraft beruht. Sofern die Demokratie ihren Grund in der Idee der bürgerlichen Autonomie und der individuellen Urteilskraft findet, sind Streit und Zwietracht unvermeidlich. Umso dringender stellt sich die Frage, ob die spezifische Staatsform und Verfassungsordnung der Demokratie den gesellschaftlichen Zusammenhalt gefährdet, auf dem die Legitimität eines Gemeinwesens von Freien und Gleichen beruht.

Wie können wir nun heute den Begriff der Demokratie, gerade im Moment der Krise, fassen? Es lassen sich eine weite und eine enge Bestimmung unterscheiden.[18] Weit gefasst gilt die Demokratie als ein universell gültiges normatives Ideal, das sich nicht nur verfassungsrechtlich definieren, sondern inhaltlich umfassend bestimmen lässt. Demokratie wird dabei leicht zu einem säkularen Heilsversprechen, einem »Himmelreich auf Erden« mit »Zuckererbsen für Jedermann«, wie Heinrich Heine 1844 ironisch kommentierte. Sie gilt hier nicht mehr als eine spezifische Herrschaftsform. Stattdessen wird die Demokratie »zu dem, was die Regierungsform unterbricht und zurückweist in Namen einer Gleichheit, die selbst keine Form hat«. Sie kennt weder Herrschaft noch ein Volk oder Lösungen (sprich politische Entscheidungen).[19] So anregend und sympathisch solche Überlegungen sein mögen, hier klingt ein eschatologisches Verständnis vom ewigen Frieden und von bürgerlicher Harmonie an. Der Traum der perfekten Demokratie lebt von der Verheißung. Die biblische Allegorie des friedlichen Zusammenlebens von Raub- und Beutetieren wird hier zum demokratischen Urbild: »Wolf und Lamm sollen weiden zugleich, der Löwe wird Stroh essen wie ein Rind, und die Schlange soll Erde essen« (Jesaja 65,25).[20]

Keine Demokratie wird auf den Traum einer besseren Welt ganz verzichten können.[21] Doch zeigt sich in der Krise, dass ein normativ überfrachtetes Versprechen weltlicher Erlösung oft in Enttäuschung und Verdrossenheit endet. Für die widersprüchliche Wirklichkeit der Demokratie bleibt dann nur noch Unverständnis oder Geringschätzung übrig. Bekanntlich schlug die demokratische Aufbruchsstimmung nach dem Ersten Weltkrieg in fast ganz Europa bald in eine Katerstimmung um. Die Konsequenz zog der englische Schriftsteller E. M. Forster im Juli 1938. »Democracy is not a Beloved Republic really, and never will be. But it is less hateful than other contemporary forms of government«, betonte er: »So Two cheers for Democracy: one because it admits variety and two because it admits criticism.«[22]

Eine enge Definition beschreibt die Demokratie ebenso minimalistisch wie unbestimmt, um das Versprechen allgemeiner Freiheit und universaler Gleichheit nicht normativ zu überhöhen. Unter dem Eindruck der revolutionären Umbrüche von 1918/19 warb Hans Kelsen für ein nüchternes Verständnis der Demokratie und warnte vor den »politisch Gläubigen«, die »ihre politische Wahrheit [...], wenn nötig, auch mit blutiger Gewalt« durchsetzen.[23] Dagegen plädierte der Staatsrechtslehrer für eine relativistische und pluralistische Auffassung der Demokratie. Wer nicht göttliche Erleuchtung oder »absolute Werte«, sondern »menschliche Erkenntnis« als Grundlage politischer Ordnung gelten lasse, »der kann den zu ihrer Verwirklichung unvermeidlichen Zwang kaum anders rechtfertigen, als durch die Zustimmung wenigstens der Mehrheit derjenigen, denen die Zwangsordnung zum Heile gereichen soll. Und diese Zwangsordnung darf nur so beschaffen sein, dass auch die Minderheit, weil nicht absolut im Unrecht, nicht absolut rechtlos, jederzeit selbst zur Mehrheit werden kann. Das ist der eigentliche Sinn jenes politischen Systems, das wir Demokratie nennen, und das nur darum dem politischen Absolutismus entgegengestellt werden darf, weil es Ausdruck eines *politischen Relativismus* ist.«[24]

Laut Kelsen ist »gerade die Synthese« der liberalen Idee der Freiheit mit dem demokratischen Ideal der Gleichheit für die Demokratie charakteristisch.[25] Damit wandte er sich gegen die lange Tradition, beide Prinzipien gegeneinander auszuspielen. Allerdings sei das Mehrheitsprinzip nicht aus der Idee der Gleichheit, sondern aus der der Freiheit abzuleiten: »Nur der Gedanke, dass – wenn schon nicht alle – so doch möglichst viele Menschen frei sein, d.h. möglichst wenig Menschen mit ihrem Willen in Widerspruch zu dem allgemeinen Willen der sozialen Ordnung geraten sollen, führt auch einen vernünftigen Wege zum Majoritätsprinzip. Das dabei natürlich die Gleichheit als die Grundhypothese der Demokratie vorausgesetzt wird, zeigt sich eben darin, daß nicht gerade dieser oder jener frei sein soll, weil dieser nicht mehr gilt als jener, sondern daß möglichst viele frei sein sollen.«[26]

Der Vorteil einer engen Definition, die sich auf minimale Kriterien beschränkt, zeigte sich auf dem Höhepunkt des ideologischen Weltbürgerkriegs um die Idee der Volksherrschaft. Je nüchterner die Bestimmung, desto stärker wirkte sie als Gegengift zu ideologischen Verheißungen. Vor allem in wissenschaftlichen Diskussionen sollte sich ein Vorschlag Joseph Schumpeters aus dem Jahre 1942 als einflussreich erweisen. Die »demokratische Methode«, definierte der Nationalökonom, »ist diejenige Ordnung der Institutionen zur Erreichung politischer Entscheidungen, bei welchen einzelne die Entscheidungsbefugnis vermittels eines Konkurrenzkampfs um die Stimmen des Volkes erwerben«.[27] Ähnlich wie Schumpeter argumentiert auch der Politologe Adam Przeworski. Als Korrektur der liberal-naiven Euphorie nach dem Ende des Kalten Kriegs bestimmte er 1993 die Demokratie als »a system of ruled open-endedness« beziehungsweise aphoristisch als »organized uncertainty«.[28]

Mithilfe eines eng gefassten und nüchternen Verständnisses des Begriffs wird es möglich, die Frage offen zu halten, welche konkrete Form eine Demokratie jeweils annehmen kann und soll. Entscheidend ist allein, ob die minimalen Standards gewahrt bleiben, die dieser Bestimmung zugrunde liegen. Die Sprache der Freiheit und der Gleichheit wird zu einer Semantik, »die nicht nur keine höhere, sondern überhaupt keine endgültige Bedeutung akzeptiert«.[29] Zwar müssen wir bei dieser Definition der Demokratie darauf verzichten, ein allgemein gültiges Ideal zu fixieren. Doch ergibt sich dadurch die Chance, sie als ein Experiment mit offenem Ausgang, als eine Reise der Ab- und Umwege zu begreifen. Das unvollendete Projekt der Demokratie als Herrschafts- wie als Lebensform ist nicht auf ein festgelegtes Ziel, sondern an einem offenen Horizont ausgerichtet.[30]

Wenn wir die Demokratie als ein Experiment mit offenem Ausgang verstehen, hat das Folgen für unser Verständnis der sozialen und kulturellen Grundlagen der Demokratie. Wichtige Stichworte für die gegenwärtige Debatte über die Krise der liberalen Demokratie hat vor allem Charles Taylor geliefert. Das Unbehagen in der säkularen Moderne gefährde das demokratische Zusammenleben. Es sei daher notwendig, die Bindekraft der »sozialen Imaginären« zu stärken, auf denen eine moderne Demokratie ruhe.[31] Diese setze »ein ›Volk‹ mit einer starken kollektiven Identität« voraus, so der kanadische Philosoph.[32] Ein Gemeinwesen der Freien und Gleichen ist darauf angewiesen, dass die »Bürger tätig an einer starken Identität des Landes mitwirken«. Denn ohne »diese Tugend ihrer Bürger« bleibe eine Demokratie »schwach«.[33] Der bürgerliche Zusammenhalt in einer Demokratie setze einen moralischen Konsens voraus, der nicht auf abstrakten Überlegungen im Sinne von John Rawls beruhe, sondern auf alltäglichen Erfahrungen, die Taylor als soziale Imaginäre begreift, dank derer wir uns auf demokratische Ideale wie das der Solidarität oder der Gleichheit verpflichten. Für den überzeugten Katholiken umfasst der Begriff des sozialen Imaginären, »wie Menschen sich ihre soziale Existenz vorstellen, wie sie mit anderen zusammenpassen, wie sie ihre Beziehungen zu ihren Mitmenschen gestalten, welche Erwartungen normalerweise erfüllt werden und auf welchen tieferen normativen Vorstellungen und Bildern diese Erwartungen beruhen«. Ausdrücklich geht es Taylor dabei nicht um selbstverständliche Hintergrundannahmen, die unseren Alltag prägen. Der Begriff erfasst unser »ganzes Schicksal: wie wir zueinanderstehen, wie wir dorthin gekommen sind, wo wir sind, [und] wie wir uns gegenüber anderen Gruppen verhalten«.[34]

Die Sorge, dass die demokratische Kultur zu blutleer, zu undefiniert und zu fragil sei, verbindet sich in der Bundesrepublik Deutschland vor allem mit dem Namen Ernst-Wolfgang Böckenförde. Der Staatsrechtler und engagierte Katholik hat immer wieder darauf insistiert, dass die liberale Demokratie ohne eine moralische Ordnung scheitern müsse. »Der freiheitliche, säkularisierte Staat lebt von Voraussetzungen, die er selbst nicht garantieren kann«, betonte Böckenförde 1967, in dem Jahr, in dem er der SPD beitrat: »Das ist das große Wagnis, das er, um der Freiheit willen eingegangen ist. Als freiheitlicher Staat kann er einerseits nur bestehen, wenn sich die Freiheit, die er seinen Bürgern gewährt, von innen her, aus der moralischen Substanz des einzelnen und der Homogenität der Gesellschaft, reguliert. Anderseits kann er diese inneren Regulierungskräfte nicht von sich aus, das heißt mit den Mitteln des Rechtszwanges und autoritativen Gebots zu garantieren suchen, ohne seine Freiheitlichkeit aufzugeben und – auf säkularisierter Ebene – in jenen Totalitätsanspruch zurückzufallen, aus dem er in den konfessionellen Bürgerkriegen herausgeführt hat.«[35]

Die Frage, ob (und wie) das Wagnis der liberalen Demokratie glücken kann, hat Böckenförde bis zu seinem Lebensende umgetrieben. In seinem kanonischen Beitrag zum *Handbuch des Staatsrechts der Bundesrepublik Deutschland* betonte er, dass die »Funktionsfähigkeit« der Demokratie von »bestimmten gesellschaftlichen Voraussetzungen« abhängt.[36] Böckenförde interessierte sich dabei besonders für die »im vor-verfassungsrechtlichen Bereich angesiedelten Bauelemente der Demokratie«.[37] Der demokratische Staat beruhe zum einen auf einem »demokratischen Ethos« als einem »Ethos der Partnerschaft«: Es gelte, die politischen Überzeugungen des anderen zu achten, offen für Argumente und Kompromisse im politischen Streit zu sein, Mehrheitsentscheidungen und demokratische Spielregeln vorbehaltlos anzuerkennen.[38] Das demokratische Ethos setze aber auch »gemeinsame Grundauffassungen der Bürger über die Art und Ordnung ihres Zusammenlebens« voraus. Ähnlich wie Taylor sorgt auch Böckenförde sich um den gesellschaftlichen Zusammenhalt. Ohne eine »relative Homogenität« der Bürgerinnen und Bürger könne die Demokratie nicht überleben. Ihr Kennzeichen sei ein »sozialpsychologischer Zustand, in welchem die vorhandenen [...] Gegensätzlichkeiten und Interessen durch ein gemeinsames Wir-Bewusstsein, einen sich aktualisierenden Gemeinschaftssinn gebunden erscheinen«. Von »dem ihr Fremden« grenze sie sich »deutlich ab«.[39] Die relative Homogenität speise sich aus unterschiedlichen Quellen. »Sie kann in ethnisch-kultureller Eigenart oder einem mental verfestigten kulturellen Erbe, in gemeinsam durchlebter politischer Geschichte, in gemeinsamer Religion, gemeinsamem nationalen Bekenntnis u. ä. ihren Grund haben.«[40]

So fruchtbar es ist, Taylors philosophische und Böckenfördes staatsrechtliche Überlegungen ernst zu nehmen, wird im Folgenden dennoch eine andere Herangehensweise verfolgt. Denn die Rede von der Demokratie als Lebensform richtet den Blick nicht primär auf Fragen der Moral und der Norm, sondern auf Fragen der *Form*. Dank dieses Perspektivenwechsels zeigt sich, dass die Sorge überzeichnet ist, die Demokratie könne ihre Voraussetzungen nicht garantieren. Taylors Plädoyer für ein geteiltes soziales Imaginäres und Böckenfördes Apologie der Homogenität erweisen sich als weniger plausibel als gemeinhin angenommen. Die Annahme, dass die Homogenität die Voraussetzung der liberalen Demokratie ist, schlägt leicht in einen antipluralistischen Affekt um. Zwar ist der Streit um Fragen der Moral für alle eine Zumutung. Doch ist der »Skandal der Vielfalt« in einem Gemeinwesen der Gleichen und Freien unvermeidlich.[41] Wer die kulturelle Homogenität als Voraussetzung der liberalen Demokratie versteht, übersieht, dass gerade aus der Zwietracht eine spezifisch demokratische Form des Zusammenlebens und des sozialen Zusammenhalts hervorgehen kann. Die »guten Gesetze«, notierte Niccolò Machiavelli bereits zu Beginn des 16. Jahrhunderts, entstehen »aus jenen Kämpfen, die viele unüberlegt verdammen«.[42] Der Streit darüber, was das gute Leben und welche normative Ordnung überlegen ist, geht jedoch unvermindert weiter. Jeder noch so kunstvolle oder schmutzige Kompromiss, auf den sich eine Demokratie verständigt, gibt schon bald Anlass für den nächsten Konflikt.[43] Ein Konsens ist dagegen über die Form des Streits zu finden. Gerade weil sich die liberale Demokratie stets im Dissens mit sich selbst befindet, müssen sich die Bürgerinnen und Bürger auf die Spielregeln verständigen und einlassen, in deren Rahmen sie ihre Konflikte austragen wollen. Zum *modus operandi* des demokratischen Mit- und Gegeneinander wird hier nicht die bürgerliche Harmonie, sondern eine spezifische Form der Zwietracht, für die Edmund Burke das Bild der »regulated rivalry« prägte.[44]

Bereits Ende der dreißiger Jahre versuchte Sidney Hook die Probleme zu beschreiben, die mit der Idee der Demokratie als Lebensform verbunden sind. Der amerikanische Philosoph wollte den Anspruch entkräften, den damals Faschisten wie Stalinisten erhoben: Die liberale Repräsentativherrschaft sei gescheitert, die Zukunft gehöre den Sowjets beziehungsweise der Volksgemeinschaft, da sich in ihnen die Idee der Demokratie vollende. Dagegen argumentierte Hook, die Demokratie müsse sich auf bestimmte Werte stützen (Tugenden, die Georg Simmel als von »Innen her wirkende Verfassung« begriffen hatte):[45] und zwar den Glauben, »dass alle Mitglieder eines Gemeinwesens die gleichen Rechte haben«, sowie den Glauben »an den Wert von Differenz, Vielfalt und Einzigartigkeit«. Diese pluralistische Haltung sei entscheidend. In einer Demokratie, so Hook, gelte es »unterschiedliche Interessen« nicht einfach zu dulden. Vielmehr müssten diese ermuntert und befördert werden:

»Die Lust am Widerspruch, der sich in einer freien Gesellschaft aus dem Streit und dem Austausch von Ideen, Geschmacksurteilen und Persönlichkeiten ergibt, ist eine viel fruchtbarere Quelle für neue und bedeutsame Erfahrungen als der Frieden der langweiligen, toten Uniformität«, so Hook weiter. Das Überleben der Demokratie setze eine Kultur und einen Stil, Umgangsformen und Räume voraus, und zwar genau solche, die »Vielfalt, [und] das freie Spiel, Entwicklung und Experimente« ermöglichen und befördern.[46]

Obwohl Hook glaubte, demokratische Grundwerte seien unverzichtbar, war ihm bewusst, wie fragwürdig die Annahme ist, dass eine demokratische Kultur einen ethischen, moralischen oder normativen Konsens voraussetzt. Hook war überzeugt, dass die Demokratie als Lebensform nicht mit einer spezifischen Moral verbunden sei. Vielmehr beruhe sie allein auf bestimmten Umgangsformen und Sitten, die es den Bürgerinnen und Bürgern ermöglichen, über Werte und Fragen der Moral zu streiten. »Unabhängig davon, zu welchen Werten sich eine Demokratie verpflichtet fühlt«, schreibt Hook, »ergeben sich Situationen, in denen diese Werte im Konflikt miteinander stehen oder von anderen Werten in Frage gestellt werden«. Der Primat der Form steht für den Philosophen außer Zweifel: »Das oberste Prinzip in einer Demokratie muss der Glaube an eine Methode sein, mit der diese Konflikte gelöst werden. Da die Methode das Maß aller Werte sein muss, ist es nicht falsch, sie als den Grundwert der demokratischen Lebensweise zu bezeichnen. Diese Methode ist eine Methode der Intelligenz, die Methode der kritischen wissenschaftlichen Forschung.«[47]

Auch wenn unser Vertrauen in die Rationalität der wissenschaftlichen Methode erschüttert ist, lohnt es sich, Hook weiterhin zu lesen.[48] Er richtet unseren Blick darauf, dass allein Formen und Konventionen, Regeln und Verfahren es uns ermöglichen, auch mit jenen moralischen Konflikten zu leben, die wir nicht lösen, sondern nur aushalten können. Das Nachdenken über Lebensformen,

Stilfragen und demokratische Räume bietet daher die Chance, ein Gespür für die kulturellen und sozialen Grundlagen der Demokratie zurückzugewinnen. Die Herrschafts- und Verfassungsordnung mag noch so gelungen sein, ohne die Möglichkeit demokratischer Erfahrungen geht sie ein.[49] Wenn, wie Böckenförde betont, die liberale Demokratie davon lebt, dass die Bürgerinnen und Bürger diese Ordnung auch in der Praxis tragen, gestalten und erneuern, setzt das Lebensformen, Räume und Orte voraus, die allen die Chance bieten, Freiheit und Gleichheit im Alltag sinnlich zu erfahren. Indem wir uns auf das Gespräch über die Demokratie als Lebensform einlassen, können wir gelassener auf die weitverbreitete Sorge reagieren, unserem Gemeinwesen mangele es an geteilten Werten und einer moralischen Grundlage. Die spielerische Neugier, die mit der Frage der Form verbunden ist, ermöglicht es, die Quadratur des multikulturellen Kreises zu vermessen und mit jenen Konflikten zu leben, die sich aus der Spannung zwischen dem Versprechen der universellen Gleichheit und der alltäglichen Erfahrung der Vielfalt ergeben.

Damit sollen zugleich Umrisse einer Geschichte der Bundesrepublik Deutschland sichtbar gemacht werden, in der diese als eine ebenso unwahrscheinliche wie zerbrechliche demokratische Ordnung erscheint. Lange hat die Geschichtswissenschaft vor allem danach gefragt, wie es zum Aufstieg des Nationalsozialismus kommen konnte, der Europa in den Krieg stürzte. Seit gut zwanzig Jahren hat sich jedoch die Perspektive verschoben. Nun interessiert auch, wie die Deutschen und Europäer aus diesem Abgrund der Gewalt wieder herausgekommen sind und sich in Westeuropa liberale Demokratien, in Osteuropa Volksdemokratien bilden konnten.[50] Allerdings besteht seit dem Zusammenbruch der Sowjetunion die Gefahr einer neuen Teleologie, so als seien die Überwindung des Nationalsozialismus, das Scheitern der kommunistischen Herrschaftsutopie wie auch die Erfolgsgeschichte der liberalen Demokratie aus der Perspektive von heute folgerichtig und »die Geschichte« gleichsam an ihr natürliches Ende gekommen. Übersehen wird dabei, dass die Demokratie selbst immer auch ein umstrittener Begriff war, dass sich nach 1945 alle politischen Strömungen, Links und Rechts, in Ost wie West, auf sie beriefen.[51] Und schließlich: Wer die liberale Demokratie zum Ursprung und Ziel der Geschichte erklärt, verliert das Gespür dafür, wie zerbrechlich und gefährdet ihre gesellschaftliche Ordnung ist.[52] Letztlich ist sie genauso unwahrscheinlich und erklärungsbedürftig wie konkurrierende Staatsformen, wie die Monarchie oder die Aristokratie, die Diktatur oder die illiberale Demokratie.

Die Frage, wie die Demokratie ihre Fassung bewahrt, soll hier nicht enzyklopädisch oder gar erschöpfend behandelt werden. Vielmehr soll sie in Form einer anderen Geschichte der Bundesrepublik Deutschland erörtert werden. Die einzelnen Kapitel beleuchten unterschiedliche Aspekte der Suche nach Demokratie im Schatten der Gewalt. In manchen Kapiteln dominiert die Nahaufnahme, in anderen die Totale. Immer aber stehen Facetten der Demokratie als Lebensform im Zentrum: das Lächeln einer Verfassungsrichterin, der junge Vater im Säuglingspflegekurs, der repressive Osterhase oder das Nachleben einer denkmalgeschützten Schwimmhalle. Das eklektische Vorgehen, die Zusammenstellung von Details eröffnen den Blick auf eine historische Wirklichkeit voller Widersprüche und Aporien. Statt letzte Gewissheiten zu bieten, dienen die folgenden Szenen dazu, manche allzu klaren Urteile der normativen Demokratietheorie infrage zu stellen.[53]

Kapitel I

Demokratie als Lebensform: Ein deutsches Missverständnis

Die Bundesrepublik Deutschland, so will es der Artikel 20 des Grundgesetzes seit dem 23. Mai 1949, versteht sich als demokratischer und sozialer Bundesstaat. Dabei geht »alle Staatsgewalt [...] vom Volke aus«: »Sie wird vom Volke in Wahlen und Abstimmungen und durch besondere Organe der Gesetzgebung, der vollziehenden Gewalt und der Rechtsprechung ausgeübt.« Als besonders schützenswert gilt der Verfassung die »freiheitlich-demokratische Grundordnung«, die in den Artikeln 18 und 21 erwähnt wird.

Halten wir zunächst fest, dass das Grundgesetz den Begriff »demokratisch« verwendet, nicht das Substantiv. Vielleicht finden wir darin einen Hinweis darauf, wie schwer fassbar die Idee der Demokratie ist. Ebenso unbestimmt bleibt die Formel der »freiheitlich-demokratischen Grundordnung«.[1] In diesem für das Grundgesetz ungewöhnlich sperrigen Begriff schwingt jedenfalls die Überzeugung mit, dass die Demokratie nicht allein eine Herrschafts-, sondern auch eine Lebensform ist, dass die Demokratie auf sozialen und kulturellen Voraussetzungen beruht, die ebenso schwer fassbar wie notwendig für das Überleben der Demokratie als Herrschaftsform sind.[2]

Seit 1918 gilt die Demokratie nicht mehr als eine potenziell anrüchige, sondern als die einzig legitime Form der Herrschaft. Das hat Folgen für die Trennschärfe. Zehn Jahre später konstatierte Hans Kelsen in *Vom Wesen und Wert der Demokratie*, der Begriff habe seinen »festen Sinn« verloren. Stattdessen sei er »dem politischen Modezwang unterworfen«. Die Demokratie sei der »mißbrauchteste aller Begriffe«, der »die verschiedensten, einander oft sehr widersprechenden Bedeutungen« angenommen habe. Im »vulgär-politischen Sprachgebrauch« sei er gar zu einer »keinen bestimmten Sinn mehr beanspruchenden, konventionellen Phrase« verkommen.[3] Noch die grausamste Schreckensherrschaft, ob die von Benito Mussolini, Adolf Hitler oder Francisco Franco, Josef Stalin oder Saddam Hussein, bezeichnete sich selbst als Demokratie.[4]

In den ersten zwei Nachkriegsjahrzehnten stand das noch vielen vor Augen. Demokratie sei eines »der meistumstrittenen Worte unserer Zeit«, notierte der amerikanische Philosoph Sidney Hook im Oktober 1947 in der *Neuen Auslese.* »Wenn sich heute jemand einen Demokraten nennt, so beweist das noch nichts für seine wirkliche politische Einstellung.« Es fänden sich »nur wenige, die sich offen als Gegner der Demokratie bekennen – am wenigsten ihre geschworenen Feinde.« Im 20. Jahrhundert, notierte Gerhard Leibholz 1960 in dem Band *Schicksalsfragen der Gegenwart*, verzichte »kein wie immer geartetes Regime [...] darauf [...], das typisch demokratische Vokabular zu gebrauchen«, um »eine demokratische Legitimität für sich in Anspruch« zu nehmen. »Schon der Nationalsozialismus«, erinnerte der langjährige Bundesverfassungsrichter die Nachkriegsdeutschen, »wurde nicht müde, sich als ›im höchsten Sinne des Wortes demokratisch‹ zu bezeichnen.« Auf dem Reichsparteitag 1936 habe »der damalige Reichspressechef seinen erstaunten Hörern sogar [erklärt], daß der Nationalsozialismus ›die modernste Demokratie in der Weltgeschichte‹ sei«.[5]

Die Rede von der Demokratie und die damit verbundene Vorstellung der Volkssouveränität wirft mehr Fragen auf, als sie beantwortet. Handelt es sich um die repräsentative oder eine direkte Demokratie, eine liberale oder eine Volksdemokratie? Entscheidet der Wille der Mehrheit oder der Wille des Volkes? Werden Repräsentanten des Volkes bei Wahlen oder durch das Los ermittelt? Gilt bei Wahlen das Verhältnis- oder das Mehrheitswahlrecht? Ergänzen plebiszitäre Elemente die parlamentarische Gesetzgebung? Welche konkrete Form soll die Gewaltenteilung annehmen? In welchem Maße schränkt die Verfassung als »gesellschaftliches Über-Ich« das demokratische Mehrheitsprinzip ein?[6] Auf welchen sozialen und kulturellen Voraussetzungen beruht die Demokratie?

In diesem Kapitel wird am Beispiel von Überlegungen zur Demokratie als Lebensform vor Augen geführt, wie facettenreich und widersprüchlich im Laufe der vergangenen siebzig Jahre die Vorstellungen davon waren, wie die verfassungsrechtlichen Formeln mit Leben zu füllen sind. Das Interesse gilt dabei vor allem dem Begriff der »Lebensform«. Aber es liegt nahe, das gesamte semantische Feld in den Blick zu nehmen, das die sozialen und kulturellen Grundlagen der Demokratie beschreibt: den demokratischen Geist und die demokratische Kultur, das demokratische Ethos und die demokratischen Tugenden. Die Überlegungen stützen sich dabei weniger auf prominente Intellektuelle wie Dolf Sternberger oder Ralf Dahrendorf, Wilhelm Hennis oder Jürgen Habermas.[7] Die Quellengrundlage bilden primär populäre Zeitschriften, zu denen nicht nur der *Merkur*, die *Zeit* oder der *Spiegel* zählen, sondern vor allem abwegige Publikationen wie die *Tabak-Zeitung* aus Mainz oder *Die Parole. Illustrierte Zeitschrift für den Bundesgrenzschutz*.[8]

Beginnen wir mit Versuchen aus den Gründungsjahren der Republik, den Begriff der Demokratie zu fassen. 1955 erschien in der Schriftenreihe »Zahlenbilder aus Politik, Wirtschaft, Kultur«, die vor allem in der politischen Bildung populär war, das Bändchen *Die deutsche Gemeinde. Wesen und Wandel einer demokratischen Wirklichkeit*. Es sei »gar nicht sonderlich schwer«, heißt es dort, den Begriff zu bestimmen: »Demokratie, bis vor einem knappen Dutzend von Jahren noch vom Nationalsozialismus als wirklichkeitsfremde Illusion verworfen, bezeichnet heute wieder das Vorbild, nach dem unser gesamtes Gemeinschaftsleben seine neue Sinngebung und Formung erfahren soll.« Will man »den Unterschied zwischen den gegensätzlichen Staatsformen auf einen einfachen Nenner bringen, so kann man sagen: Diktatur ist Befehlserteilung von der Spitze her, ohne Befragung und Einflußmöglichkeit des einzelnen; Demokratie hingegen ist Herrschaft durch das Volk und für das Volk, das Gesetzgebung und Verwaltung im großen wie im kleinen durch die vom Volk direkt oder indirekt gewählten Vertreter«.[9]

Wer mit Kant glaubt, dass aus dem »krummen Holze«, aus dem »der Mensch gemacht ist, nichts Gerades gezimmert« werden kann, den muss skeptisch stimmen, wie apodiktisch diese Bestimmungen formuliert sind. Je präziser der Begriff der Demokratie gefasst wird, desto deutlicher drängt sich die Frage auf, welche Gespenster das Versprechen von der analytischen Schärfe bannen soll. Vielleicht wird man solchen Definitionen am ehesten gerecht, wenn man sie als das Pfeifen im Wald nach den Gewalterfahrungen der ersten Jahrhunderthälfte versteht. Wenn es sich im Haus des Henkers verbietet, vom Strick zu sprechen, ist die salbungsvolle Rede von der schönen neuen Welt der Demokratie umso beliebter. Weltliche Heilsversprechen eignen sich jedoch nicht als Maßstab für historische Analysen. Sie sollten vielmehr ihr Gegenstand sein.

Bekanntlich hat sich die Politikwissenschaft davon verabschiedet, die Demokratie präzise und abschließend zu bestimmen. Bereits 1942 plädierte etwa Joseph Schumpeter dafür, unser Verständnis von Demokratie nicht normativ zu überhöhen. Die »demokratische Methode«, so Schumpeter inmitten des Weltkrieges, »ist diejenige Ordnung der Institutionen zur Erreichung politischer Entscheidungen, bei welcher einzelne die Entscheidungsbefugnis vermittels eines Konkurrenzkampfs um die Stimmen des Volkes erwerben«.[10] Bündiger heißt es 1991 bei dem amerikanischen Politikwissenschaftler Adam Przeworski, Demokratie sei »organized uncertainty«, eine Definition, an der auch jene nicht vorbeikommen, die sie als zu minimalistisch ablehnen.[11] Es lohnt sich also, den Begriff der Demokratie nicht normativ zu überfrachten. Erst so kommen wir den widersprüchlichen Leidenschaften und brüchigen Hoffnungen, Ängsten und Sorgen auf die Spur, die sich in den zeitgenössischen Debatten niederschlugen.[12]

Ob in der Bonner oder der Berliner Republik, die Geschichte der Nachkriegsdeutschen ist, so Michael Geyer, »die Geschichte der Suche nach einem festen Ort nach frevelhafter Tat«, die Suche nach Formen, die das friedliche Zusammenleben im Widerstreit ermöglichen.[13] Von der Zusammenbruchgesellschaft der unmittelbaren Nachkriegsjahre bis heute diskutieren die Bundesdeutschen mit Leidenschaft und Sorge die Frage nach den sozialen und kulturellen Voraussetzungen der Demokratie. Dabei lassen sich drei Phasen unterscheiden: die Ratlosigkeit der unmittelbaren Nachkriegsjahre, die tastende und vielstimmige Suche in den fünfziger und sechziger Jahren sowie die Grabenkämpfe um die »Demokratisierung« im Schatten von Achtundsechzig.

»Alles falsch, all-les falsch!!!!«: Das Entsetzen und die Ratlosigkeit der unmittelbaren Nachkriegsjahre

Mit der bedingungslosen Kapitulation am 8. Mai 1945 endete die nationalsozialistische Herrschaft. Im Schatten dieser Gewaltgeschichte begann eine neue Suche nach der Demokratie, die bis heute andauert. Wer wie Herbert Burgmüller oder Dolf Sternberger eine »Klärung der Begriffe« forderte, warb zugleich für die Einsicht, dass der Nationalsozialismus nicht nur Menschen vernichtet und Städte zerstört, sondern auch die Sprache und das Denken, die Kultur und Traditionsbestände vergiftet hatte.[14] »Im Abendhimmel stehen über den Ruinen der Städte«, notierte Marie Luise Kaschnitz Anfang 1945, »geisterhaft die bleichen Ruinenfelder der Werte, die niemand mehr wertet, und des Glaubens, den niemand mehr glaubt.«[15] Rückblickend urteilte Konrad Adenauer 1965, der Nationalsozialismus habe im deutschen Volke »grauenhafte Verwüstungen auch moralischer Art [...] hervorgerufen«, die noch lange nicht überwunden seien. Die trotzige Rede von der Bundesrepublik als einer geglückten Demokratie verstellt den Blick darauf, wie sehr die kulturellen und intellektuellen Verwüstungen der NS-Zeit das politische Denken in diesem Land bis heute prägen.[16]

Wer in den Nachkriegsjahren über die Demokratie nachdachte, dem stand vor Augen, dass das Tausendjährige Reich nicht allein eine politische, sondern vor allem eine moralische Katastrophe war. »Dass die Demokratie bei uns noch keine gesicherte politische Einrichtung ist«, betonte Max Drechsel im Dezember 1947 in einem Editorial der *Mittelbayerischen Zeitung*. Gerade deshalb sei es, so der sozialdemokratische Landtagsabgeordnete, wichtig daran zu erinnern, »daß die Voraussetzungen denkbar ungünstig sind, dieses politisch schlecht erzogene Volk für die Demokratie zu gewinnen«.[17] Als Theodor Heuss 1946 am Jahrestag der Märzrevolution über »Deutschlands Zukunft« sprach, erinnerte er daran, wie sehr sich »Piefke aus Moabit« bis vor Kurzem noch »als Herrenmensch« gefühlt hat. Zwar mögen sich die Deutschen heute »Demokraten nennen«. In Wahrheit seien sie ABC-Schützen in solchen Fragen: »Die Deutschen müssen bei dem Wort Demokratie ganz vorn anfangen im Buchstabieren.« Die Demokratie sei, so Heuss, nicht allein ein »Rechenverfahren«. Sie beruhe zunächst auf der »Anerkennung eines freien Menschentums, das auch im Gegner den Partner sieht«. »Was heißt Demokratie als Lebensform?« fragte der Bundespräsident beim Richtfest des Rathauses von Heilbronn: »Doch nur dies: dem Menschen, gleichviel wer er sei und woher er käme, als Mensch zu begegnen.«[18]

Dass die Nachkriegsdeutschen den Begriff der Demokratie fast beliebig füllten, sahen vor allem Emigranten, die mit den alliierten Truppen in die Trümmerlandschaft ihrer ehemaligen Heimat zurückkehrten. Zu ihnen gehörte Julius Posener, der die Jahre des Schreckens in Palästina überlebt hatte, und im April 1945 als britischer Offizier der Political-Intelligence-Abteilung bei Xanten den Rhein überschritt. »Die große Mehrheit des Volkes«, notierte der Kunsthistoriker, habe »einen moralischen Stoß erhalten [...], der sie veranlaßt zu rufen: ›Es war alles falsch, all-les falsch!!!!!!‹, und daß sie nach dem hingehaltenen neuen Wort greifen wie nach einer Planke im Schiffbruch oder, um es den Unfreundlichen unter uns recht zu machen, wie nach einem neuen Mäntelchen, das die Blöße bedecken soll, die nach dem Herunterreißen des braunen Hemdes sichtbar wurde. Aber dies neue Wort ›Demokratie‹ ist bis dato inhaltsleer, und wohin sie auch blicken, so werden die Deutschen nicht viel sehen, was man auf dieses Wort beziehen könnte. Sie haben einen Stoß bekommen, es war ihnen eine ganze Weile davon dumm im Kopf, und da sie sich umsehen, finden sie nichts als ein Wort und schreiben es als neuen Titel über die alten, noch halb geglaubten Inhalte.«[19] Optimistischer urteilte Karl Gerold, der nach zwölf Jahren im Schweizer Exil im Oktober 1945 in die trizonesische Trümmerlandschaft reiste. Aus Sicht des späteren Gründungsherausgebers der *Frankfurter Rundschau* habe nur »eine kleine Minderheit des deutschen Volkes [...] den diabolischen Versuchungen und tödlichen Bedrohungen« des Nationalsozialismus widerstanden. Doch schon wenige Monate nach Kriegsende glaubte Gerold einen »Umschmelzungsprozeß« beobachten zu können. Überall bildeten sich »neue Vereinigungen«, die » – oft noch sehr tastend – nach demokratischen Wegen und Lebensformen« suchen.[20]

Von der Begründung der Demokratie: Die tastende Suche in den fünfziger und sechziger Jahren

Zwar rahmte die Verabschiedung des Grundgesetzes im Mai 1949 die weitere Suche nach der Demokratie. Doch die Bonner Republik war ein Provisorium, das sich im Schatten des Nationalsozialismus und des Kalten Krieges einrichten musste. Ihre Geschichte lässt sich bis heute mit Hans-Peter Schwarz als die Geschichte eines Gemeinwesens begreifen, das versucht »der Katastrophe zu entgehen«.[21] Anschaulich zeigt das der Streit über die sozialen und kulturellen Voraussetzungen der »freiheitlich-demokratischen Grundordnung«. Heuss' Frage, was die Demokratie als Lebensform sei, trieb die bundesdeutsche Öffentlichkeit im »motorisierten Biedermeier« um.[22] Weder zuvor noch danach war die Debatte über die schwer fassbare Grundlage der Demokratie intensiver und ernsthafter. Für jeden Artikel, der um 1968 dieser Frage nachging, lassen sich in der *Bibliographie der deutschsprachigen Zeitschriftenliteratur* in der Ära Adenauer Jahr für Jahr fünf bis zehn Artikel über die demokratische Lebensform und Lebensart, den demokratischen Geist und die demokratische Gesinnung finden.[23] Die Debatte war vielstimmig und für die Zeitgenossen kaum zu überblicken: Das Spektrum reichte von Sozialisten und Sozialdemokraten über Liberale bis zu Christdemokraten und Konservativen, von jüdischen Remigranten über Agnostiker bis zu Katholiken und Protestanten, welche die Demokratie theologisch zu rechtfertigen suchten.[24]

Unbeholfen gingen die Zeitgenossen zu Werke, doch gelang es ihnen allmählich, Bilder des Zusammenlebens zu entwickeln, die Grundlage eines demokratischen Selbstbewusstseins werden konnten. Die diffuse Vorstellung der Demokratie als Lebensform war dabei ein Kind des bitteren Streits. Das zeigt etwa die leidenschaftliche Auseinandersetzung über die Frage, ob eine patriarchalische Geschlechterordnung oder eine umfassende Gleichberechtigung von

Männern und Frauen die Voraussetzung der Demokratie sei. Noch der schärfste Disput über demokratische Formen war von der Überzeugung getragen, dass der Streit über genau diese Frage die wichtigste Grundlage der freiheitlich-demokratischen Grundordnung sei.

In den Gründungsjahren der Republik war die Vorstellung gängige Münze, dass die Demokratie »nichts anderes als die Frage nach dem Lebensstil eines Volkes« sei, wie der CDU-Politiker Robert Tillmanns in der *Tabak-Zeitung* aus Mainz schrieb. »Der Wert steckt ja letzten Endes nicht darin, daß wir ein Parlament, allgemeines Wahlrecht oder was sonst haben«, betonte der stellvertretende Bundesvorsitzende in einer Rede auf dem Jugendhof in Vlotho im Oktober 1955. Der »letzte Wert ist doch der, daß wir als Menschen, als Bürger eines Staates lernen, so miteinander umzugehen, daß wir uns gegenseitig ernst nehmen«.[25] Auch in Niederbayern fielen solche Ideen auf fruchtbaren Boden. Demokratie sei, betonte im Oktober 1949 Ludwig Salisco in einem Leitartikel der *Passauer Neuen Presse*, »nicht nur eine modische Staatsform, sondern auch eine kultivierte Lebensform«. Ziel müsse es sein, so der liberale Lehrer, der sich in den Nachkriegsjahren als geschäftsführender Vorsitzender der örtlichen Hauptspruchkammer einen Namen gemacht hatte, die demokratische Lebensart »anstelle unserer heutigen bürgerlichen Gesellschaftsform zum ›guten Ton‹ eines neuen Menschheits-Zeitalters« zu erheben: »Dann werden die letzten Autokraten als Größenwahnsinnige in einer Irrenanstalt ›Kaiser von China‹ spielen. Der kleine Mann aber wird als freier Bürger einer freien Welt zu der Würde gelangen, die allen Erdgeborenen zukommt: nach vielen politischen Verwandlungen endlich ein Mensch zu sein.«[26] In *Die Parole*, der *Illustrierten Zeitschrift für den Bundesgrenzschutz*, forderten 1954 dann Heinz Lossen und Günter Voigt die Nachkriegsdeutschen dazu auf, sich zur »Demokratie als einem lebendigen Prozeß zu bekennen«. In diesem Bekenntnis liegt für den legitimen Demokraten auch die »Verpflichtung zur Mitarbeit an einer lebendigen Demokratie in

Wort und Tat beschlossen«.[27] Das »innerste Wesen der Demokratie« sei leicht zu bestimmen, hieß es in der nächsten Ausgabe der Zeitschrift: »Es ist die ständige Verfeinerung des menschlichen Gewissens als einer individuellen und sozialen Funktion.«[28]

Strittig blieb allein, wie der Begriff des demokratischen Lebensstils konkret zu füllen sei. Adolf Schüle etwa betonte 1952, eine Demokratie »auf dem politischen Feld ist nur möglich, wenn sich die Menschen, die in ihr leben, auch in ihren privaten Beziehungen demokratisch verhalten«. Andernfalls sei ein demokratisches Gemeinwesen »zum Sterben verurteilt«. Der Heidelberger Extraordinarius, ein Schüler von Richard Thoma, hatte 1938 seine wissenschaftliche Laufbahn unterbrochen und wurde 1945 Hauptgeschäftsführer der Mannheimer Industrie- und Handelskammer. Schüle, der 1954 einem Ruf nach Tübingen folgte, bestimmte die demokratische Herrschaftsform auch als eine Frage »der persönlichen Lebensführung«. Genau das sei auch »der Sinn des bekannten englischen Wortes: *democracy begins at home*«. Zwar ließen sich »diese Dinge nicht im einzelnen oder vollständig beschreiben«. Doch wer einmal »die Luft einer wirklichen bis in die letzten Verästelungen des privaten Lebens herabreichenden Demokratie geatmet hat, der wird verstehen können, was gemeint ist«.[29]

In den Debatten um das Godesberger Programm fanden solche Thesen ein Echo. Die Vordenker der sozialdemokratischen Erneuerung, wie Waldemar von Knoeringen, sahen in der Demokratie nun kein Mittel mehr, um die Gesellschaft grundlegend umzugestalten, sondern einen »Wert an sich«.[30] Erst als »sittliche Staatsform« gewinne die Demokratie ihre konkrete Gestalt, erläuterte der bayerische Landesvorsitzende auf der Tagung »Christentum und demokratischer Sozialismus«, welche die Katholische Akademie in Bayern im Januar 1958 ausrichtete.[31] Das Godesberger Programm galt von Knoeringen daher als Ausweis des »demokratischen Realismus«. Statt die Demokratie als ein utopisches Heilsversprechen zu begreifen, verstand er sie als »die Chance unserer Freiheit und das Herzstück menschlicher Kultur«.[32] Mit Adolf Arndt entwickelte der ›rote Baron‹ das Konzept des »sozialen Kulturstaates«, das demokratische, soziale und rechtsstaatliche Ideale versöhnte. Der Begriff, so von Knoeringen 1962, postuliere die »Menschenwürdigkeit des Staates für jedermann im Gegensatz zur Verstaatlichung der Menschen«. »Das Ethos des Kulturstaates wurzelt in der Anerkennung des unermeßlichen Wertes der menschlichen Person und in der Idee der Mitmenschlichkeit. Es entspricht in einer wechselseitigen Wirkung dem Ethos einer Gesellschaft aus freien, gleichberechtigten, gleichwertigen und sich selbst gehörenden Menschen, die sich in ihrer unterschiedlichen Vielfalt und Mannigfaltigkeit zu einem sittlichen Ganzen ordnen.«[33] Die Voraussetzung dafür sei das »Gespräch mit Jedermann«, eine »permanente Demokratiediskussion«, die von Knoeringen als die »Seele für das Fortschreiten einer freiheitlichen, demokratisierten und offenen Gesellschaft« verstand.[34]

In engem Zusammenhang mit solchen Argumenten stand die Vorstellung von der Demokratie als einem Experiment. Im Rahmen der *Hessischen Hochschulwochen für Staatswissenschaftliche Fortbildung* betonte Erich Rosenthal-Pelldram im März 1960, das »experimentale Denken« bilde »den wesentlichsten Bestandteil der geistigen Grundlagen der Demokratie«. »Unsere Demokratie lebt selbst aus dem Experiment« erläuterte der Staatssekretär im hessischen Justizministerium im Rahmen des Fortbildungslehrganges für höhere Beamte des Landes. »Im Experiment« liegt die »disziplinierte Freude an schöpferischer Tätigkeit«. Daher wählt man, so Rosenthal-Pelldram, »das demokratische Spiel der Kräfte, weil es alle Möglichkeiten eröffnet; man hält sich für alle Möglichkeiten offen«.[35]

Um 1960 war die Rede von der Demokratie als Lebensform selbstverständlicher Bestandteil der politischen Sprache. Das galt auch für Nachschlagewerke, für die Wissenschaft und für die Debatten in den Kirchen oder den Gewerkschaften. Im Herderschen *Staatslexikon* betonte der Kölner Staatsrechtler Hans Peters 1958, die Demokratie vollende sich »dort, wo sie im Staat und in sonstigen Gemeinschaften als Lebensform (*way of life*) anerkannt wird, d. h. wo auch sonst das gesellschaftliche Leben auf der Anerkennung von Freiheit und Gleichberechtigung aller Glieder beruht«.[36] Ohne Bezug auf den Begriff der Lebensform, variierte Arnold Bergsträsser 1962 diesen Gedanken. In der dritten Auflage von *Religion in Geschichte und Gegenwart* betonte der Freiburger Politikwissenschaftler, die »freiheitlich-rechtsstaatliche Demokratie« beruhe auf einer »Gesellschaft, in der erkannt und festgehalten wird, welchen Sinn die Institutionen der Grundrechte und der Gewaltenteilung für die Daseinsführung des Einzelnen und der Gruppen haben«. In letzter Zeit werde der »Zusammenhang zwischen der Staatsform und dem geistig-seelischen Selbstverständnis des Menschen« wieder stärker beachtet, fuhr Bergsträsser fort. Die »Auseinandersetzung zwischen der freiheitlichen-rechtsstaatlichen Demokratie und dem, sei es faschistischen, sei es kommunistischen totalitären Staat« mache »deutlich [...], daß die Entscheidung über die Staatsform zugleich eine Entscheidung über die Geist- und Seelenform der Daseinsführung bedeutet«. Die »freiheitlich-rechtsstaatliche Demokratie« orientiere sich, schloss Bergsträsser unter Rückgriff auf ein christliches Menschenbild, »an dem Prinzip der Achtung vor dem menschlichen Geschöpf als der Kreatur [...], der die Erfüllung eines über die Arbeit wie über das Politische hinausragenden Daseinssinnes aufgegeben ist«.[37]

In der Politologie stach vor allem Carl Joachim Friedrichs gut hundertseitiger Essay *Demokratie als Herrschafts- und Lebensform* hervor, der sich bis heute in vielen Lexika als Literaturangabe zum Lemma »Demokratie« findet.[38] Rezensenten wie der junge Ekkehart Krippendorff lobten Friedrichs Schlüsselbegriff der »Lebensform« und empfahlen die Studie als »ein leicht lesbares und voller Anregungen steckende[s] Buch«, das für die »Politische Wissenschaft in Deutschland von nicht zu unterschätzender Bedeutung« sei.[39]

Das Wohl und Wehe einer Demokratie hänge »letztlich« von »der menschlichen Haltung« ab, »die als Lebensform die Staatsform bestimmt«, betonte Friedrich, der zusammen mit Dolf Sternberger die Politologie in Heidelberg aufbaute. Die demokratische Lebensart verkörpere der »common man als Gemeinschaftsmensch«. Kluge Politik in der Demokratie sei eine Frage der »Wahrscheinlichkeit«, nicht der »Gewissheit«. »Die Wahrscheinlichkeit bezieht sich vor allem auch auf die Werthaltungen, Überzeugungen und Interessen einer Gemeinschaft selber. Über sie urteilt die Mehrheit in einer Gemeinschaft meist zuverlässiger als irgendein Experte. Um subtile Werturteile ästhetischer, religiöser oder wissenschaftlicher Art handelt es sich meist nicht, sondern um die schlichten Grundwerte eines allgemeiner Erfahrung zugänglichen Alltags. Der *common man* ist vertrauenswürdig, weil er, kollektiv gesehen, ein Mensch mit Charakter, nicht ein Verstandesmensch, nicht ein Intellektueller ist.«[40] Auf den Begriff der »Demokratie als politische Lebensform« brachten dann jüngere Politologen wie Karl-Dietrich Bracher solche Überlegungen. Erst die Kritik an der »Ideologisierung eines antidemokratischen Staatsbegriffs« eröffne die Chance, »jene hierarchischen Strukturen im politischen und sozialen Leben« abzubauen, »die der Einübung und Ausübung demokratischen Verhaltens noch so entschieden entgegenstehen«.[41]

Das Thema der Demokratie als Lebensform wurde auch zur Brücke zwischen den Kirchen und den Gewerkschaften. Das Arbeiterseminar der Evangelisch-Lutherischen Kirche lud 1964 Gewerkschaftsfunktionäre, Betriebsräte, Vertrauensleute und Arbeitnehmer aus dem DGB zu einem zweitägigen Gespräch ein. Einig war man sich darüber, dass »die politische Autorität des Staates in der industriellen Gesellschaft [...] von der hierarchischen in die demokratische Lebensform übergeführt« werde. Daher sei in der Kirche wie im Arbeitsleben »die Frage der Autorität grundsätzlich [zu] überprüfen«. Hier wie dort sei »das frühere Untertanenverhältnis

[…] durch das Partnerschaftsverhältnis abgelöst worden«. »Das reine Nebeneinander der liberalen Demokratie bedürfe der Ergänzung einer echten sozialen Bindung.« Das sei der Kern der Forderung nach der Demokratie als Lebensform.[42]

Eine Art Summe dieser Gedanken zog um 1970 Carlo Schmid, zusammen mit Heuss der angesehenste Fürsprecher der Demokratie als Lebensform in der frühen Bundesrepublik. Der Mannheimer Abgeordnete und Vizepräsident des Bundestages, der erst in Tübingen und dann in Frankfurt Lehrstühle für Öffentliches Recht und Politische Wissenschaft bekleidete, verstand die Demokratie als »die Chance, den Staat zu vermenschlichen«. Laut Schmid setze ein demokratischer Staat »eine Gesellschaft voraus, die ihm angemessen ist«. »Wenn ich mir selber vereinfachend vorstellen will, was Demokratie eigentlich ist, so finde ich darin in erster Linie ein Ja zur Mitmenschlichkeit, […] die sich des eigenen Wertes bewußt ist und die deswegen auch dem anderen den Wert einräumt, den er für sich beanspruchen kann […]«. Das sei vor allem in den Kommunen greifbar. Bund und Länder seien »abstrakter« in dem, was sie tun und anordnen. Dagegen umfasse die Stadt »den Menschen als das auf den ›anderen‹ bezogene Wesen, das er von Grund aus, von Natur aus ist. Sie ist etwas Mütterliches, im Gegensatz zum Vater Staat. Sie hegt viel mehr, als daß sie anordnet. Sie ist der Ort des Miteinander-Gehens und nicht des In-Reih-und Glied-Stehens.«[43]

Die Jahre der chiliastischen Gewissheit und der Grabenkämpfe im Schatten von Achtundsechzig

»Mehr Demokratie wagen«, Willy Brandts Forderung aus der Regierungserklärung 1969, markierte nicht so sehr einen Neuanfang, sondern knüpfte ebenso wie Gustav Heinemanns Plädoyer für einen demokratischen Aufbruch an eine Denkfigur an, die sich bis in die Nachkriegsjahre zurückverfolgen lässt.[44] Zwar verbanden sich widersprüchliche Vorstellungen mit der Idee der Demokratie als Lebensform. Doch schon lange vor dem Jahr 1968 warnten viele davor, die Demokratie allein als Staatsform zu begreifen. Das Wagnis der Demokratie könne nur gelingen, wenn es von einer demokratischen Stimmung getragen sei, die sich nicht in formalen Verfahren erschöpfe, sondern im sozialen Leben zu pflegen sei.[45]

Erst vor diesem Hintergrund wird deutlich, worin die Zäsur von Achtundsechzig bestand. Die Rede von der Demokratie als Lebensform hatte auf der Prämisse beruht, dass formale Institutionen der repräsentativen Demokratie und demokratische Lebensformen sich wechselseitig bedingen. Jetzt dominierte dagegen die Forderung, neue Formen der radikalen und partizipatorischen Demokratie müssten die parlamentarische Demokratie ersetzen. Die emanzipatorische Pathosformel der »Demokratisierung«, die seit den frühen siebziger Jahren zum Schlagwort der Neuen Linken wurde, zielte nicht mehr darauf, den demokratischen Geist zu pflegen, sondern vor allem darauf, alle Bereiche der Gesellschaft nach der formalen Logik der Demokratie als Herrschaftsform neu zu organisieren, etwa durch das Prinzip der Mehrheitsentscheidung.[46]

Das utopische Heilsversprechen der partizipatorischen Demokratie, der »Transformation der Demokratie« und der »Demokratisierung der Demokratie« überlagerte die Rede von der Demokratie als Lebensform.[47] An die Stelle des lebendigen Streits über die kulturellen und sozialen Voraussetzungen der Demokratie traten die ideologischen Grabenkämpfe zwischen der Neuen Linken und den Verteidigern der repräsentativen Demokratie.[48] Die Demokratie sei nun nicht mehr ein »Mittel zur Lösung von Konflikten«, konstatierte Hartmut von Hentig 1972. Stattdessen sei sie »zu einem Anlaß des Konfliktes geworden – des schwersten, den unsere Gesellschaft seit 1945 durchgemacht hat«.[49] Vereinzelt gab es den Versuch, zwischen den Positionen zu vermitteln. »Selbstverständlich ist die Demokratie« für Liberale »eine Lebensform, die für alle gesellschaftlichen Teilbereiche gilt«, betonte Günther van Norden 1972 in der Zeitschrift *Liberal*. Zu prüfen sei nur, so der Wuppertaler Historiker, ob man das Mehrheitsprinzip gleichförmig auf alle Lebensbereiche »übertragen kann«.[50] Was ein Jahrzehnt zuvor noch ein Gemeinplatz war, blieb nun ohne Echo.

Je mehr sich die semantische Kampfzone ausweitete und je unversöhnlicher sich die Parteien gegenüberstanden, desto häufiger sahen liberale und konservativ-liberale Denker in der Demokratisierung einen Irrweg, weil sie die Differenz zwischen Staat und Gesellschaft aufhebe. »Geht es [...] darum«, warnte Hermann Kalinna 1975 im *Evangelischen Staatslexikon*, wegen der in der »Familie, Schule, Universität, Wirtschaft, Kunst, Medien etc.« »vorhandenen Machtstrukturen [...] auch diese Bereiche den Prinzipien politischer Herrschaftsausübung [...] zu unterwerfen, so kann das nur zur totalen Politisierung und damit zum totalen Staat führen«. Statt von Demokratisierung solle man lieber von »Partizipation« und »Mitbestimmung« sprechen.[51] Pointierte Kritik kam besonders von jenen, die in der Ära Adenauer noch für ein Verständnis der Demokratie als Lebensform geworben hatten. Dass die Forderung der »Demokratisierung von Sozialtatbeständen Hoffnungen« wecke, die »unerfüllbar sind«, konstatierte Wilhelm Hennis 1970.[52] Ernst-Wolfgang Böckenförde warnte 1972 vor der Idee der Demokratisierung: »Bedeutet sie, dass alle Bereiche gesellschaftlicher Freiheit einer ›demokratischen‹ Bestimmung partieller Kollektive unterstellt werden müssen, um so die Gesellschaft einerseits vom Staat ›frei‹ zu machen und andererseits in sich zu demokratisieren, so ist sie eine Wegmarke zum Totalitarismus.«[53] Linksintellektuelle zahlten solche Kritik mit ähnlicher Münze zurück. Wilhelm Hennis und Helmut Schelsky, Hermann Lübbe oder Friedrich Tenbruck seien die Köpfe einer »neukonservativen Systemopposition«, die die demokratische Verfassung bedrohe, erzürnte sich etwa Claus Offe 1978 im *Merkur.*[54] Im Rückblick auf die bitteren Grabenkämpfe notierte 1987 der Schweizer Staatsrechtler Richard Bäumlin in der dritten Auflage des *Evangelischen Staatslexikon,* »Demokratisierung« sei »für die einen ein Schreckgespenst, für die anderen ein Desideratum«.[55]

Je mehr Federkriege die Parteien vom Zaune brachen, desto stärker geriet aus dem Blick, dass die Erklärungskraft der Rede von der Demokratie als Lebensform gerade die klare Unterscheidung zwischen dem demokratischen Staat als einer Herrschaftsform und der demokratischen Gesellschaft als einer Lebensform voraussetzte.[56] Vor allem kam in den ideologischen Kämpfen die Einsicht unter die Räder, die sich im Nachkriegsdeutschland als Antwort auf die moralische Katastrophe des Nationalsozialismus ausgebreitet hatte und bei allen Parteien als selbstverständlich galt: Ein Gespür dafür, dass ein Staat seine kulturellen und sozialen Voraussetzungen zwar nicht garantieren, aber doch fördern, beschirmen und wiederbeleben kann.

Auf die dritte Welle der Demokratisierung und den Zusammenbruch der kommunistischen Volksdemokratien folgte die ebenso siegestrunkene wie sorglose Selbstgewissheit eines marktliberalen Effizienzdenkens, dem die parlamentarische Demokratie als die selbstverständliche Herrschaftsform der westlichen Moderne galt.[57] Heute wissen wir: Das war ein gefährlicher Irrglaube.[58] Die Erfahrung der vergangenen zwei Jahrzehnte zeigt, dass eine liberale Demokratie in die Krise gerät, wenn sie es versäumt, jene öffentlichen Räume zu pflegen, die es uns ermöglichen, Freiheit und Gleichheit zu erfahren, jene demokratischen Tugenden einzuüben, welche die Chance eröffnen, dass der leidenschaftliche Streit zur Grundlage des demokratischen Miteinanders wird.

Kapitel II

Unbeholfene Demokraten: Moralische Leidenschaften in der Bundesrepublik

Zwei Extreme haben das 20. Jahrhundert geprägt: Der Absturz in Krieg und Völkermord auf der einen, die Rückkehr zu Frieden und Demokratie auf der anderen Seite. Auch wenn die liberale Demokratie in den letzten siebzig Jahren wieder auf die Beine gekommen ist, nachdem sie in der Zwischenkriegszeit in weiten Teilen Europas »so gut wie todgeweiht« war,[1] weil sich viele enttäuscht von ihr abwandten, sollte man sich ihrer Fragilität bewusst bleiben.[2] Die Demokratie ist eben eine unwahrscheinliche und gefährdete Herrschafts- und Lebensform. Vor diesem Hintergrund stützen sich die Überlegungen dieses Kapitels zur liberalen Demokratie in der Geschichte der Bundesrepublik auf den Begriff der »Moralgeschichte«.[3] Im Kern geht es dabei um Fragen wie: Inwiefern förderte oder bedrohte ein bestimmtes Verständnis von Bürgerlichkeit und Umgangsformen, von Vertrauen und bürgerlicher Tugend die, wie es bei Immanuel Kant heißt, »ungesellige Geselligkeit« der Bürgerinnen und Bürger? Welche Zugehörigkeitsgefühle entwickelten sie und welche Rolle spielten diese für ihr Selbstverständnis? Warum wurden solche Bindungen gekappt? Wie haben Kontroversen um ethische Fragen die Bundesrepublik als eine Demokratie geprägt, die in den Kinderschuhen steckte?

Demokratische Leidenschaften und nationalsozialistische Moral

Eine Moralgeschichte sollte nicht mit einer »anklagenden oder einer melodramatischen Geschichte verwechselt« werden. Der Begriff lenkt unseren Blick auf die entscheidende Rolle, die den moralischen Leidenschaften und Praktiken für die Suche nach Demokratie im Schatten des Holocaust zukam. »Die Moralgeschichte«, so Michael Geyer und John Boyer, »nimmt vor allem die Frage der Gewalt ernst. Ihre größte Herausforderung findet sie in einer Epoche, die von genozidalen Konfrontationen geprägt ist.« Sie erlaubt Rückschlüsse darauf, wie »Institutionen, Gruppen und Individuen [...] die sozialen Bindungen erneuern, die Gemeinschaften und Nationen konstituieren und den Zusammenhalt ihres ›Gemeinwesens‹ sichern«.[4] Daher bietet sich dieses Verständnis von Moralgeschichte besonders an, um die deutsche Nachkriegsgeschichte zu untersuchen.

Wer von Moral spricht, trennt gut und böse, richtig und falsch, die Tugend vom Laster. Besonders Jürgen Habermas hat betont, dass sich solche Unterscheidungen in erster Linie auf die Vernunft gründen, und wurde mit dieser These zum einflussreichsten Sozialphilosophen der Bundesrepublik. In seiner Antrittsvorlesung *Erkenntnis und Interesse* forderte er, das Gemeinwesen auf rationaler Grundlage zu gestalten. Daher müsse die Gesellschaft »nach dem Prinzip« organisiert werden, »dass die Geltung jeder politisch folgenreichen Norm von einem in herrschaftsfreier Kommunikation erzielten Konsensus abhängig gemacht wird«.[5]

Der Inhalt wie die Form dieses Ideals werfen die Frage auf, ob man dem Traum vom »zwanglosen Zwang des besseren Arguments« am ehesten gerecht wird, wenn man ihn als ein Ideal versteht, das sich in der regulativen Idee einer nüchternen Rationalität gründet, die das politische Denken im Nachkriegsdeutschland kennzeichnete.[6] Für ausländische Kommentatoren jedenfalls war Habermas »ein rationalistischer Utopist, der das krumme Holz der Humanität an *sub specie emancipationis* erlangten Standards misst«.[7]

Die Habermas'sche Diskursethik wich dem Problem der moralischen Inkommensurabilität aus, indem sie die Leidenschaft zum Sklaven der Vernunft machte. Als Moralphilosophie antwortet sie auf den kollektiven Rausch des Nationalsozialismus, den sie als den Sieg der Leidenschaften über die Vernunft begreift. Um diesen Kurzschluss zu vermeiden, liegt es nahe, die Unterscheidung zwischen richtig und falsch, die Ideale der Gerechtigkeit und der Freiheit als politische Leidenschaften zu begreifen, als das, was David Hume als »moralische Empfindungen« bezeichnete. Zwar lassen sich auch im hitzigen Streit noch Spuren der »kommunikativen Vernunft« finden. Doch leiten Gefühle und Leidenschaften noch die vernünftigste Debatte über Fragen der Moral.

Laut Hume gründet sich die Moral nicht auf einem nüchternen Vernunfturteil, sondern auf einem Gefühl der Zustimmung und Ablehnung. Sittlichkeit werde »viel mehr gefühlt als beurteilt«.[8] Für den schottischen Aufklärer ist manche moralische Unterscheidung »natürlich«, andere aber »künstlich«. Die Gerechtigkeit und die Treue, die Bescheidenheit und gute Umgangsformen begreift Hume als künstliche Tugenden. Sie sind in dem Sinne künstlich, da sie aus dem alltäglichen Zusammenleben der Bürgerinnen und Bürger hervorgehen, seien diese harmonisch oder konfliktreich. Da diese Tugenden »ganz künstlich und eine menschliche Erfindung«[9] seien, versteht er diese moralischen Empfindungen zugleich als Voraussetzung und Ergebnis der Alltagsbegegnungen und des bürgerlichen Streits, für die Kant wenig später den Ausdruck der »ungeselligen Geselligkeit« prägte. Das »Kunstprodukt« moralischer Empfindungen, die aus der bürgerlichen Geselligkeit erwachsen, ermöglicht eine Form der »Einschränkung«, die »den

Leidenschaften nicht zuwider« ist, sondern »nur deren gedankenlose und ungestüme Betätigung hindert«. Zwar können künstliche Tugenden wie die Gerechtigkeit die »Parteilichkeit unserer Zuneigungen« nicht aufheben. Doch ermöglichen sie es den Bürgern, die Fähigkeit zu entwickeln, Selbstsucht und Ressentiment einzuschränken.[10]

Zum Fixstern der deutschen Moralphilosophie nach 1945 stieg zwar Kant auf und nicht Hume. Doch ist der Hinweis auf moralische Empfindungen hilfreich, um der Geschichte einer Demokratie im Schatten der Gewalt auf die Spur zu kommen. Das Nachdenken über die Fragilität liberaler Demokratien setzt ein Gespür dafür voraus, wie bedeutsam die moralischen Leidenschaften sind, auf denen unser Verständnis von Freiheit, Gleichheit und Gerechtigkeit beruhen. Begreift man die Demokratie lediglich als ein Herrschaftssystem, scheinen solche Überlegungen fremd. Als unverzichtbar erweisen sie sich jedoch, wenn man die Demokratie auch als eine Lebensform auffasst oder die Vorstellung eines gehaltvollen Konstitutionalismus teilt, der sich aus einem »Liberalismus der Furcht« speist.[11] Laut Judith Shklar handelt es sich dabei um einen Liberalismus jenseits der Utopie, der die Idee »eines *summum bonum*« aufgibt und stattdessen »von einem *summum malum*« ausgeht, nämlich von »der Grausamkeit und der Furcht, die sie auslöst, und schließlich von der Furcht vor der Furcht selbst«.[12]

Angesichts der Zerstörung der bürgerlichen Gesellschaft in den Jahren vor 1945 und der allgegenwärtigen Gewalt ist es bemerkenswert, dass die (West-)Deutschen – innerhalb von gerade einmal zwei bis drei Jahrzehnten – nicht nur eine »schwache« Auffassung der Demokratie akzeptierten, sie also als ein formales Herrschaftssystem betrachteten, sondern sich eine »starke«, inhaltlich gefüllte Vorstellung von Demokratie zu eigen machten. Die Wiedergeburt der Demokratie wäre undenkbar gewesen, hätten die Westdeutschen nicht angefangen, diese auch als Lebensform zu schätzen – um eine einprägsame Formulierung Sydney Hooks aufzugreifen. Bereits 1939, als der Unmut über die Demokratie inmitten der Zwischenkriegsjahre seinen Höhepunkt erreichte, betonte der Philosoph, dass sich die Demokratie auf die »Zustimmung zu bestimmten Einstellungen« gründen müsse, weil diese »wichtiger [seien] als jede beliebige Reihe von Institutionen«: Der Glaube an die jedem Einzelnen »innewohnende [...] Würde«, der Glaube »an den Wert von Differenz, Vielfalt und Einzigartigkeit« sowie das »Vertrauen auf gewisse Verfahren«, durch die sich Konflikte zwischen unvereinbaren moralischen Leidenschaften einhegen lassen.[13]

Meist nähern wir uns Fragen der Moral auf zwei Weisen. Entweder suchen wir nach allgemeingültigen Werten, die unter allen Umständen und von allen wohlmeinenden Menschen zu schätzen und zu bewahren sind. Die übliche Bezeichnung hierfür ist normatives Denken. Oder wir gehen deskriptiv vor und bemühen uns darum, jene Moralvorstellungen zu erfassen, an die sich Individuen und Gemeinschaften tatsächlich halten, unabhängig von der Frage, ob jene Werte mit dem Anspruch auf eine universalistische Ordnung vereinbar sind. Zwar scheint sich die Unterscheidung zwischen normativem und deskriptivem Denken von selbst zu verstehen, doch ist die Grenze meist fließend.[14]

Historiker, die sich mit moralischen Empfindungen einer vergangenen Epoche beschäftigen, stehen vor der Herausforderung, ihre moralischen Leidenschaften und Ängste in das zu übersetzen, worin Siegfried Kracauer die Schlüsselqualifikation für Geisteswissenschaftler erkannte, nämlich den »moralischen Scharfsinn«. In *Geschichte – Vor den letzten Dingen* argumentiert Kracauer, »die Durchdringung der Welt des Historikers, die sich gegen einfaches Zerlegen in wiederholbare Einheiten sperrt«, verlange »nach dem Bemühen eines Ichs, das an Facetten so reich ist wie die menschlichen Verhältnisse, die seinen Gegenstand bilden«.[15] Laut Kracauer müssen wir bei unseren eigenen Fantasien und Ängsten,

Leidenschaften und Dämonen ansetzen, um die Geschichte der moralischen Leidenschaften in der deutschen Nachkriegszeit zu schreiben.

Die moralgeschichtliche Perspektive lässt die Verschränkung von Demokratie und Alltagsleben im Nachkriegsdeutschland im neuen Licht erscheinen. Das liegt auch deshalb nahe, weil Historiker zunehmend die These anzweifeln, der Nationalsozialismus oder auch der Faschismus und der Stalinismus seien als amoralisch aufzufassen. Neue Forschungen zeigen, dass das Dritte Reich sich auch auf moralische Überzeugungen stützte, dass der Nationalsozialismus also »ein ›moralisches Fundament‹ besaß – zumindest in den Augen der Nazis und ihrer Gefolgschaft«.[16] Es ist daher irreführend, den Holocaust als das Resultat »geschwächter moralischer Werte« zu interpretieren. Vielmehr haben, so Alon Confino, moralische Leidenschaften »dazu beigetragen, dass sich die extremen Kriegsbedingungen herausbilden konnten«.[17] Wir sollten uns durch die Monstrosität der Verbrechen nicht täuschen lassen: Gefühle von Liebe und Furcht, der Traum von Heil und Erlösung sowie Vorstellungen von Gerechtigkeit und Freiheit, Menschlichkeit und Frieden bildeten zentrale Bestandteile der nationalsozialistischen Moral. Erst wenn wir den moralischen Anspruch des Nationalsozialismus ernst nehmen, öffnet sich der Blick auf die verschlungenen Wege, auf denen es den Nachkriegsdeutschen gelang, sich die Demokratie als Lebensform anzueignen.[18]

Im Schatten der bösen Tat

Seit dem 18. Jahrhundert spiegeln die Rituale demokratischer Zugehörigkeit und das Ideal des Bürgersinns nicht nur das spannungsvolle Verhältnis zwischen Vielfalt und Bürgerlichkeit, sondern auch die wechselseitige Verschränkung zwischen dem demokratischen Staat und dem Alltagsleben der Bürger. Zwar verlangen solche demokratischen Rituale der Zugehörigkeit den Bruch mit älteren Bindungen an die Familie oder die Region, die Religion oder die ständische Gesellschaft. Doch ermöglichen sie Formen »demokratischer Individualität«, die ein vielschichtiges Spiel von Differenzen mit Leben füllen, das die Chance eröffnet, kulturelle Spannungen, politische Feindschaften und wirtschaftliche Konflikte zu bewältigen.[19] Jede Demokratie steht vor der Frage, wie es den Bürgern gelingt, den öffentlichen Raum so zu gestalten, dass sowohl ihre »ungesellige Geselligkeit« gewährleistet als auch das Recht auf Anderssein geschützt ist.[20] Der pluralistische Rechtsstaat ist mit dem Ideal der bürgerlichen Eintracht und dem Traum von einer homogenen Gemeinschaft unvereinbar. Sein Ziel ist es, die demokratische Gleichheit »in der Versöhnung der Differenzen« zu verwirklichen. Die liberale Demokratie lebt von dem Traum einer Gesellschaft, in der »man ohne Angst verschieden sein kann«.[21]

Zwar betreffen einige der folgenden Überlegungen die Geschichte der liberalen Demokratie insgesamt, doch war die Ausgangslage in Deutschland eine besondere. Im Gegensatz zu anderen Europäern konnten sich die Westdeutschen in den Nachkriegsjahren nicht auf eine tiefverwurzelte Tradition des Widerstands gegen den Nationalsozialismus berufen, um auf diese Weise ihr nationales Erbe zu retten. Infolgedessen empfanden sie das Geschehene in besonderem Maße als eine moralische Katastrophe. Im Anschluss an die Forschung zur Frage, wie die Deutschen und die Europäer in den Faschismus und den Nationalsozialismus hineingerieten, greife ich Dan Diners These auf, dass der deutschen (und europäischen) Nachkriegsgeschichte ein »Zivilisationsbruch« vorausging. Infolge dieser moralischen Katastrophe galten liberale oder säkular-humanistische ebenso wie christliche, konservative oder sozialistische Moralvorstellungen als fragwürdig oder gar wertlos.[22]

Die Nachkriegsdeutschen waren Überlebende einer moralischen Katastrophe, sie waren Davongekommene, die ihre Schuld und ihr Versagen wie das Trauma des Zivilisationsbruchs und den Schock der Gewalt zwar verschweigen oder verdrängen, doch nie hinter sich lassen konnten. Das »deutsche Volk« und »die Bischöfe und der Klerus« trügen »eine große Schuld an den Vorgängen in den Konzentrationslagern«, argumentierte Konrad Adenauer im Februar 1946 in einem Brief an den befreundeten Bonner Pastor Bernhard Custodis. Das Volk wie die Kirchen hätten sich »fast widerstandslos, ja zum Teil mit Begeisterung [...] gekennzeichneten Gebieten gleichschalten lassen«. Die unfassbaren Verbrechen, von denen jeder wusste, dass sie gegen »die einfachsten Gebote der Menschlichkeit« verstießen, seien »in aller Öffentlichkeit« geschehen. Für den gläubigen Katholiken Adenauer war das unerträglich: »Ich glaube, daß, wenn die Bischöfe alle miteinander an einem bestimmten öffentlichen Tage von den Kanzeln ausführlich Stellung genommen hätten, sie vieles hätten verhindern können. Das ist nicht geschehen und dafür gibt es keine Entschuldigung. Wenn die Bischöfe dadurch ins Gefängnis oder in Konzentrationslager gekommen waren, so wäre das keine Schande, im Gegenteil. Alles das ist nicht geschehen, darum schweigt man am besten.«[23]

Mit dem Ende des totalen Krieges und der Befreiung der Vernichtungslager lag auf der Hand, dass Lord Actons Diktum von 1895, »das Moralgesetz« stehe »auf den Tafeln der Ewigkeit geschrieben«, einer längst vergangenen Zeit entsprach.[24] In dem Moment, da Actons moralische Gewissheiten durch ein unvorstellbares Ausmaß an Erniedrigung, Grausamkeit und Mord auf die Probe gestellt wurden, erwiesen sie sich als ebenso kurzlebig wie unzuverlässig. Angesichts der gewaltsamsten Periode in der deutschen Geschichte hätten wohl viele Zeitgenossen Theodor W. Adornos Beobachtung zugestimmt, dass moralische Erwägungen nach dem Krieg mit einem »Versuch [einsetzen müssten], die Kritik der Moralphilosophie, die Kritik ihrer Möglichkeiten, das Bewußtsein ihrer Antinomien ins Bewußtsein aufzunehmen«.[25]

Dass der Krieg alle moralische Gewissheit und jedes eurozentrische Gefühl der Überlegenheit fragwürdig erscheinen ließ, war keine exklusive Erkenntnis der Kritischen Theorie, sondern wurde nach dem Krieg von vielen Europäern so empfunden. Der polnische Schriftsteller Tadeusz Borowski, der Auschwitz und andere Konzentrationslager überlebt hatte, fand sich im Mai 1945 als eine von Millionen *displaced persons* in der Umgebung von München wieder. Die amerikanische Besatzungszone erschien ihm als ein »unglaublicher, fast komisch zu nennender Schmelztiegel von Menschen und Nationalitäten, in dem es mitten in Europa gefährlich brodelte«. Wie andere Überlebende wusste Borowski nicht, »wohin er sich wenden sollte« und fand sich unter dem Kommando und dem Schutz »junger amerikanischer Männer« wieder, »die von dem, was ihnen in Europa begegnete, ebenso vor den Kopf gestoßen wie schockiert waren«. Sie waren gekommen »wie die Kreuzfahrer, um den europäischen Kontinent zu erobern und zu konvertieren, und nachdem sie sich schließlich in den besetzten Zonen niedergelassen hatten, machten sie sich todernst daran, der misstrauischen, starrsinnigen deutschen Bourgeoisie das demokratische Baseballspiel beizubringen und ihnen das Prinzip des Gewinnstrebens einzuimpfen, indem man ihnen zeigte, wie man Zigaretten, Kaugummis, Verhütungsmittel und Schokoladentafeln gegen Kameras, Goldzähne, Uhren und Frauen eintauscht.«[26]

Ihm und drei anderen polnischen Überlebenden der Lager gelang es, sich der amerikanischen Aufsicht zu entziehen und im Herbst 1945 eine Wohnung in München zu finden, wo sie einen »gewissen polnischen Dichter [...] seine Frau und seine Geliebte (eine Philologin) beherbergten«. Dort arbeitete Borowski an seiner Kurzgeschichtensammlung *Bei uns in Auschwitz* über den Alltag im Lager. Als er dem berühmten Dichter einen Entwurf überließ, fand der ihn »viel zu düster und zudem fehle es ihm eindeutig am Glauben an die Menschheit«. Lord Actons moralische Gewissheiten stießen hier auf das moralische Empfinden jener, die am eigenen Leib erfahren hatten, was es heißt, in einem Konzentrationslager zu leben:

> Wir vier gerieten in eine erhitzte Debatte mit dem Dichter [...], weil wir darauf beharrten, dass die Moral und die nationale Solidarität, der Patriotismus und die Ideale der Freiheit, der Gerechtigkeit und der menschlichen Würde abgefallen seien wie ein verrotteter Lumpen. Wir sagten ihnen, es gebe kein Verbrechen, das ein Mensch nicht begehen würde, wenn er sich dadurch selbst retten könnte. Sobald er sich einmal gerettet hat, wird er aus immer nichtigeren Gründen weitere Verbrechen begehen, zuerst aus Pflicht, dann aus Gewohnheit und zum Schluss – aus Vergnügen.
>
> Genüßlich berichteten wir ihnen alles über unser schwieriges, duldsames Leben im Konzentrationslager, das uns lehrte, dass die ganze Welt in Wirklichkeit so ist wie das Konzentrationslager; die Schwachen arbeiten für die Starken, und wenn sie keine Kraft oder keinen Willen dazu haben – dann lässt man sie stehlen oder lässt sie sterben.
>
> In der Welt herrschen weder Gerechtigkeit noch Moral; das Verbrechen wird genauso wenig bestraft wie die Tugend belohnt, das eine ist so schnell vergessen wie das andere. Die Macht herrscht in der Welt, und Macht verschafft man sich mit Geld. Es ist sinnlos zu arbeiten, weil man sich Geld nicht durch Arbeit verschaffen kann, sondern durch die Ausbeutung von anderen. Und wenn wir nicht so viel ausbeuten können, wie wir es gern täten, dann sollten wir zumindest versuchen, so wenig wie möglich zu arbeiten. Und die moralische Pflicht? Wir glauben weder an die Sittlichkeit des Menschen noch an die von Systemen. In Deutschland sind die Schaufenster voll mit Büchern und Andachtsgegen-

ständen, doch der Rauch der Krematorien liegt noch immer über den Wäldern.[27]

Auch Hannah Arendt sah in der katastrophischen Gewalt der Jahrhundertmitte einen Zivilisationsbruch, den man nur historisch erklären könne. In einem öffentlichen Vortrag im Februar 1965 gründete sie ihre Überlegungen zur Moralphilosophie auf die Einsicht, dass sowohl der Nationalsozialismus als auch der Stalinismus die scheinbar selbstverständliche Unterscheidung zwischen richtig und falsch infrage gestellt hatten. Solche Gewissheiten, bemerkte sie, brachen gleichsam »über Nacht zusammen, als die Situation eintrat, daß die Moral plötzlich ohne Hüllen im ursprünglichen Sinn des Wortes da stand, als ein Kanon von ›mores‹, Sitten und Manieren, der gegen einen anderen ausgetauscht werden konnte, ohne dass das mehr Mühe gekostet hätte, als die Tischmanieren eines Einzelnen oder eines ganzen Volkes zu ändern«.[28]

Stalins Russland mag ein Beispiel hierfür gewesen sein, doch »die deutschen Entwicklungen« waren laut Arendt »viel extremer und vielleicht auch aufschlußreicher«. Und weiter: »Es gab nicht nur die grauenhafte Tatsache der mit Sorgfalt errichteten Todesfabriken und das völlige Fehlen von Heuchelei« bei denen, »die an dem Ausrottungsprogramm beteiligt waren. Noch erschreckender war die selbstverständliche Kollaboration seitens aller Schichten der deutschen Gesellschaft.« Das Wirtschaftswunder mit seinem schillernden Reichtum vermochte die Geister nicht zu vertreiben, die diese moralische Katastrophe hervorgerufen hatte. Laut Arendt haben »wir den totalen Zusammenbruch einer ›moralischen Ordnung‹ erlebt«, und die »plötzliche Rückkehr zur ›Normalität‹ kann, entgegen dem, was so oft selbstgefällig angenommen wird, unsere Zweifel nur verstärken.«[29] Die Deutschen müssten sich ihrer Mittäterschaft und Mitschuld an dem »wirklichen Bösen« bewusst werden, an dem »Sadismus, dem reinen Vergnügen an der Erzeugung und Betrachtung von Schmerz und Leid«.[30] Dieses »Laster aller Laster« sei zu unterscheiden von dem »Radikal-Bösen«, das »aus den Tiefen der Verzweiflung kommt« und dessen Verkörperung Luzifer darstelle, »der Lichtbringer, ein gefallener Engel«. Wer sich dem historischen Phänomen des »wirklich Bösen« zuwendet, statt über das literarische oder philosophische Motiv des »radikal Bösen« zu sinnieren, dem verschlägt es die Sprache. Die genozidale Gewalt bringt allein »sprachloses Entsetzen« hervor, so Arendt, »wenn wir nichts anderes mehr sagen können als: Dies hätte nie geschehen dürfen«.

Und doch war es geschehen, die Moral war in ihr Gegenteil verkehrt worden. Daher verwundert es kaum, dass moralische Zweifel die spezifische Art und Weise prägten, in der sich die Europäer nach dem Krieg auf die Suche nach der Demokratie als Lebensform begaben.[31] Als umso fruchtbarer könnten sich moralgeschichtliche Fragen für unser Verständnis der Nachkriegsgeschichte erweisen, eine Geschichte, in der Deutsche und Europäer aus dem Schatten von Massenmord und Massensterben traten und ihren Frieden mit der Idee der Demokratie machten. Dabei geht es nicht darum, der Interpretation der politischen Auswirkungen des Wirtschaftswunders oder der militärischen und kulturellen Präsenz der Amerikaner eine neue Facette hinzufügen. Das Interesse gilt vielmehr dem unerwarteten »politischen Wunder«, jenem »demokratischen Moment« in der Nachkriegsgeschichte, dem wir am ehesten gerecht werden, wenn wir ihn als ein Teil der »samtenen Revolution« Westeuropas in den fünfziger und sechziger Jahren (Mark Lilla) begreifen.[32] Während die sechs Jahrzehnte nach dem Krieg oft auf Begriffe wie Amerikanisierung und Sowjetisierung, Liberalisierung oder Demokratisierung gebracht werden, gilt im Folgenden die Aufmerksamkeit vor allem den eigentümlichen Facetten der deutschen Geschichte seit der sogenannten Stunde Null. Dabei könnte es sich als hilfreich erweisen, auf normativ aufgeladene und im Grunde teleologische Kategorien zu verzichten.

Halbseitig gelähmte Bürger: Eigentümlichkeiten nach dem Krieg

Obwohl auch andere europäische Nachkriegsgesellschaften auf die Rückkehr in die »Normalität« hofften, orientierten sich die Deutschen auf ihrer Suche nach Demokratie als Lebensform an eigenen Traumwelten. Während die Bürgerinnen und Bürger der meisten Länder stolz waren, anders zu sein, sehnten sich die Deutschen seit 1949 danach, normal zu sein. Die totale Niederlage des Jahres 1945, bemerkte 1960 Klaus Harpprecht, »ließ den Willen nach einer ›deutschen Besonderheit‹ verwelken«. Die Deutschen »haben es satt, in glänzender oder elender Vereinsamung beiseite zu stehen«, so der liberale Journalist. Kommt die Rede auf die Vergangenheit, sehen sie in ihr eine »Zeit lebensgefährlicher Krankheit (immer sind übrigens Krieg und Nazismus gemeint, wenn ohne nähere Umschreibung von der ›Vergangenheit‹ die Rede ist)«. Um die Erinnerung an das Dritte Reich zu bannen, entwickelten sie eine »banale Lust an der Normalität«. Ausländische Beobachter seien oft erstaunt, dass sie es nicht mehr zuwege brächten, »Deutsche in internationalen Speisewagen oder in den Restaurants der europäischen Hauptstädte auf den ersten Blick von anderen Kontinentaleuropäern zu unterscheiden, sie seien jetzt eben wie alle und vielleicht mit dem zweiten Blick zu erkennen, weil sie ein wenig ähnlicher sein wollten als die anderen«.[33]

Kritiker der Europäischen Union spöttelten später, die Bezeichnung »Europäer« sei nicht mehr als ein »Euphemismus für Deutsche auf Auslandsreise«.[34] Mehr als alles andere wünschten sich die Nachkriegsdeutschen, sie wären wie alle anderen, sie könnten spurlos in der sozialistischen beziehungsweise westlichen Moderne aufgehen und unsichtbare Bürger eines postnationalen Europa auf einer der beiden Seiten des Eisernen Vorhangs werden. Wie zu erwarten, erwies sich das Streben nach Normalität als ebenso illusorisch wie vergeblich. Viele Schlüsselereignisse in der deutschen Nachkriegsgeschichte erinnerten die Bürgerinnen und Bürger daran, wie schwer fassbar der Traum der Normalität und wie eigentümlich der Ort ihres Landes in der sozialistischen beziehungsweise westlichen Moderne blieb.

Um diese eigentümliche Sehnsucht nach Normalität zu entschlüsseln, liegt es nahe, sich mit Methoden vertraut zu machen, die sich bei der historischen Untersuchung von Zauberei und Wundern, von Ungeheuern und Heiligen bewährt haben. Im Falle von spätmittelalterlichen und frühneuzeitlichen Kulturen öffnet ein Gespür für das Abwegige den Blick dafür, was als normal galt und wie Normen durchgesetzt wurden. In dieser Hinsicht kann die Zeitgeschichtsschreibung sich das eine oder andere bei Mittelalter- und Frühneuzeithistorikern abschauen. Sie haben Methoden und Erzählweisen entwickelt, die der »schöpferischen und verstörenden Gegenwart des ›Anderen‹ – des Außenseiters, des Unbekannten, des Fremden, des Subversiven, des radikal Anderen – in Macht- und Denksystemen« eine entscheidende Rolle zuweisen.[35] Im Anschluss daran drängt sich die Frage auf, wie unter Zeithistorikern ein Gespür geweckt werden kann für Besonderheiten, für Ausnahmesituationen und Merkwürdigkeiten, Brüche, Kontraste und Einzelphänomene, für verschiedene Formen der Zugehörigkeit und des bürgerlichen Lebens in den beiden deutschen Nachkriegsstaaten.

Dieses Plädoyer greift die verbreitete These auf, die Geschichte Nachkriegsdeutschlands sei ein verblüffender Erfolg gewesen, und stellt sie zugleich infrage. Dabei geht es weniger darum, die von Edgar Wolfrum, Axel Schildt oder Hans-Ulrich Wehler vertretene Überzeugung in Zweifel zu ziehen, wonach die Bundesrepublik eine »geglückte« und »stabile Demokratie« sei. Als fruchtbar könnte es sich vielmehr erweisen, die Debatten, auf die solche Formeln antworten, links liegen zu lassen.[36]

Um den Besonderheiten der deutschen Nachkriegsverhältnisse auf die Spur zu kommen, bietet es sich an, von Reiseberichten und Briefen auszugehen, in denen Emigranten und Remigranten ihre Nachkriegserfahrungen schilderten. In ihnen spiegelt sich eine einzigartige Verbindung aus intimer Vertrautheit und genauen Kenntnissen und einem Gefühl existenzieller Entfremdung.[37] Ausländischen Beobachtern wie dem israelischen Journalisten Amos Elon, der die Bundesrepublik und die DDR während des Frankfurter Auschwitzprozesses 1965 besuchte, kam Deutschland nach dem Krieg weniger wie eine geglückte Demokratie vor, sondern wie ein Land im Schatten von Gewalt und Völkermord. »Millionen Menschen [wohnen] in dieser neuen Welt des Wohlstandes. Doch ist die Atmosphäre selten großstädtisch«, notierte Elon am Anfang seines bemerkenswerten Reiseberichts *In einem heimgesuchten Land*, der zuerst 1966 erschien: »Gutgekleidete, wohlgenährte Menschen drängen sich auf neuen, schon wieder zu schmalen Gehsteigen; sie füllen die stromlinigen [sic!] Untergrundbahnen und Großraumwagen der Straßenbahn [...]. Die Wohnhäuser der Reichen sind mit Chagalls bärtigen Rabbinern dekoriert. In alten Ritterburgen, in denen einst die Nazis ausgewählte Jugendliche (zur ›neuen Elite‹ der Nation) heranbildeten – sie sollten [...] ›tausend Leichen ansehen können, ohne mit der Wimper zu zucken‹ (Himmler) – florieren schrullige Hotels für romantisch veranlagte (oder versnobbte) Touristen. Daneben veranstalten internationale Jugendherbergen Symposien für die ›deutsch-französische Verständigung‹ oder für ›christlich-jüdische Zusammenarbeit‹.«[38]

Überall in Deutschland vertusche die Gegenwart »eine gefährliche Vergangenheit«, heißt es bei Elon. Die »harmlose *Düsseldorfer* Gegenwart« wirke auf ihn wie eine »Doppelbelichtung: das moderne, nette Kalenderbild in Technicolor überlagert den schwarzgrauen Stahlstich eines Massakers«.[39] Laut Elon präge eine »moralische Schizophrenie« das öffentliche Leben in dieser jungen Demokratie: »Bei Staatsempfängen in Bonn klirren und leuchten Hitlers Angriffskriege auf den Brüsten der Prominenz. Was klirrt hier im Geiste mit? Dieselben Orden klirrten auf den Brüsten der Männer, die in Auschwitz Wache standen. Dieselben Orden bekam man dort für den Einwurf von Cyanid in die versiegelten Kammern voller schreiender, nackter Menschen.«[40]

So grell Elons Metaphern sein mögen und so düster er die Lage einschätzte, zwischen Mitte der vierziger Jahre und den frühen siebziger Jahren waren Zweifel an der demokratischen Zukunft Deutschlands allgegenwärtig. Als der sozialistische Dichter Johannes R. Becher Anfang 1946 Theodor Heuss als ersten westdeutschen Politiker einlud, vor dem Kulturbund zur demokratischen Erneuerung Deutschlands zu sprechen, wählte dieser den 18. März als Datum für seine Rede. An dem Tag, an dem in Preußen die Revolution von 1848 begonnen hatte, sprach der künftige Bundespräsident im Haus des Rundfunks, damals als »Rotes Haus an der Masurenallee« bekannt, über »Deutschlands Zukunft«. Angesichts der vernichtenden Niederlage vom Mai 1945 hätten die Deutschen ihr Schicksal kaum noch selbst in der Hand, vor allem in politischen und wirtschaftlichen Fragen.

Doch seien sie frei, über ihre Zukunft »im Raum des Geistig-Moralischen« zu entscheiden. Mit Blick auf den Nationalsozialismus unterstrich Heuss: »Wir sind alle in dieser Zeit und durch diese Zeit schmutzig geworden«. Nun liege vor den Deutschen »ein schwerer Weg der Selbstreinigung«, bei dem sie vor allem die »Angst vor dem Atem der Freiheit« überwinden müssten. Zwar würden heute viele Bürger behaupten, sie seien eingefleischte »Demokraten«. Doch solange sie nicht begriffen, dass sie »bei dem Wort Demokratie ganz von vorn anfangen [müssen] im Buchstabieren«, sei jeder Versuch, eine bessere politische Ordnung zu errichten, zum Scheitern verurteilt: »Demokratie heißt«, betonte Heuss, »nicht nur Wählerstatistik und ist nicht nur ein Rechenverfahren, sondern im Elementaren die Anerkennung eines freien Menschentums, das auch im Gegner den Partner sieht, den Mitspieler«.[41]

Die Sorge, der liberale Verfassungsstaat könnte sich als brüchig erweisen, begleitete die junge Demokratie. Im Rückblick auf die ersten zwölf Jahre der Bundesrepublik argumentierte Jürgen Habermas 1961, der junge Staat sei keine Demokratie, sondern eine »Wahlmonarchie«, die kurz davor stehe, abermals der faschistischen Versuchung zu erliegen. Zwar verhindere der über allem liegende »Schleier der Entpolitisierung« fürs Erste den Siegeszug einer »totalitären Partei«. Doch könne dieser Schleier jeder Zeit reißen. Dann nehme »eine bekannte sozialpsychologische Dialektik« ihren Lauf: »daß gerade die politisch indifferenten Massen durch plebiszitären Handstreich oberflächlich politisiert und in der Regie einer starken Obrigkeit mobilisiert werden können.« Nicht nur linke Intellektuelle betonten, wie tief die Schatten von Vernichtungskrieg, Völkermord und moralischer Katastrophe über der noch jungen Demokratie lagen. »Wer die dreißiger und vierziger Jahre als Deutscher durchlebt hat«, bekannte der melancholische Konservative Golo Mann vor dem Jüdischen Weltkongress im August 1966, »der kann seiner Nation nie mehr völlig trauen, der kann der Demokratie so wenig völlig trauen wie einer anderen Staatsform, der kann dem Menschen überhaupt nicht mehr völlig trauen und am wenigsten dem, was Optimisten früher den ›Sinn der Geschichte‹ nannten. Der wird, wie sehr er sich auch Mühe geben mag und soll, in tiefster Seele traurig bleiben, bis er stirbt.«[42]

Zweifel, ob die Bundesrepublik als demokratisches Gemeinwesen lebensfähig sein werde, schlugen sich vor allem in der Diskussion über moralische Fragen nieder. Hierzu zählte die Debatte über die Erziehung moralisch mündiger Bürger und die »moralische Grunderneuerung der Deutschen«, wie sie sich in der Auseinandersetzung über Anstandsregeln, Kindererziehung, die politische Bildung und Kulturdiplomatie seit 1945 widerspiegelte.[43] 1948 etwa war im ersten Band des nach Kriegsende erscheinenden *Yearbook of Education* die Rede von »einem Zusammenbruch der westlichen Zivilisation mit all dem, was das nach sich zieht; in den nächsten zehn Jahren wird sich zeigen, ob wir es mit einer vorübergehenden Störung zu tun haben oder ob es sich um einen Niedergang handelt«. Solche Stimmen konnte man auch 1958 noch hören. Besessenheit und Neugier prägten wissenschaftliche Debatten über die moralische Entwicklung von Kleinkindern oder die moralische Orientierungslosigkeit von Jugendlichen. Die obsessive Suche nach Antworten auf solche Fragen trieb Wissenschaftler wie Lev Vygotsky, Jean Piaget und Alexander Mitscherlich, Benjamin Spock und Arnold Gesell unmittelbar nach dem Krieg und Lawrence Kohlberg und Jürgen Habermas in den letzten Jahrzehnten des 20. Jahrhunderts an.[44]

Dass Historiker sich gern mit Intellektuellen, Wissenschaftlern und Politikern beschäftigen, sollte nicht den Blick darauf verstellen, wie nachhaltig Stimmen aus dem Umfeld von Familienverbänden und Erziehungseinrichtungen diese Debatten geprägt haben. Karl Borgmann, Herausgeber der Zeitschrift *Caritas*, argumentierte 1952, dass viele Christen nach wie vor einem Familienideal anhingen, das »vergangenen Staatsformen zugewendet ist, in denen der Bürger [...] fast zur politischen Untätigkeit verurteilt war«. Auch kleine Kinder hätten ein Recht, so die Schlüsselfigur der katholischen Laienbewegung im Januarheft von *Frau und Mutter*, einer Zeitschrift »für die katholische Frau in Familie und Beruf«, »die Freiheit [zu] erfahren und [zu] gebrauchen«. Daher dürfe die Familie sich weder am Ideal der »Monarchie« noch dem der »Diktatur« orientieren. Wer einer patriarchalischen Erziehung das Wort rede, habe nicht verstanden, dass die für die Verbrechen des Nationalsozialismus Verantwortlichen meist aus »›geordneten‹« Verhältnissen stammten. Väter, die »mit handgreiflichen Mitteln« erzögen, seien die Geburtshelfer der Diktatur gewesen. Wer Kinder »ungerecht« behandele, müsse damit rechnen, dass diese »als Erwachsene selbst zu Unterdrückern« würden, mahnte Borgmann: »Manche Henker aus den KZ stammten nachweislich aus sogenannten ›geordneten Familien‹«.[45]

In der Nachkriegszeit führte die Frage, wie es möglich sei, jene moralischen Empfindungen zu erlernen und einzuüben, die den mündigen Bürger zum Garanten einer demokratischen Zukunft macht, zur Gründung zahlreicher kultureller, pädagogischer und wissenschaftlicher Einrichtungen. Dies galt für das Max-Planck-Institut für Bildungsforschung – unter dem Direktorat von zwei jüdischen Remigranten, Saul B. Robinson (1916–1972) und Wolfgang Edelstein (geboren 1929), sowie von Dietrich Goldschmidt (1914–1998), dessen Vater 1902 vom Judentum zum Protestantismus konvertiert war. Hierzu zählen aber vor allem die ständig weiter wachsenden, mit finanziellen Mitteln üppig versorgten parteinahen Stiftungen, wie etwa die Friedrich-Ebert-Stiftung, die Konrad-Adenauer-Stiftung, und die Zentralen für politische Bildung im Bund und in den Ländern.[46] Ähnliche Anliegen bilden auch die *raison d'être* für das weite Spektrum der großzügig finanzierten Flaggschiffe bundesdeutscher Kulturdiplomatie wie etwa die Alexander-von-Humboldt-Stiftung und den Deutschen Akademischen Austauschdienst, das Goethe-Institut oder die Deutschen Historischen Institute. Dieses Ensemble verdeutlicht, wie klar sich die frühe Bundesrepublik von Strategien kultureller Hegemonie und Großmachtpolitik aus dem späten 19. Jahrhundert abzusetzen suchte. Programmatisch zielten diese Einrichtungen auf Austausch und Dialog, um der Angst vor dem Fortbestehen der »deutschen Frage« entgegenzuwirken.[47]

Wenn ein Gespür für bizarre Episoden, Wunder-, Geister- und Gespenstergeschichten den Blick schärft, erscheint die Bundesrepublik nicht einfach als eine ungelernte, sondern eher als eine »unbeholfene Demokratie«.[48] Ob es in den innerdeutschen Debatten um das Erbe des Nationalsozialismus und die Erinnerung an den Zweiten Weltkrieg ging, um Reparationen oder »jüdische Mitbürger«, um die Rolle des Islam im öffentlichen Raum, die Einwanderung und den Fremdenhass, um die Frage der »Leitkultur«

und die moralischen Grundlagen der Demokratie – in ihrem vergeblichen Streben nach »Normalität« ließen die tollpatschigen Bürger und tölpelhaften Eliten der Bundesrepublik kaum ein Fettnäpfchen aus.[49]

Laut dem Soziologen M. Rainer Lepsius bestand eine Besonderheit der deutschen Geschichte des frühen 20. Jahrhunderts in den »symbolisch dramatisierten Moralgrenzen« zwischen verschiedenen Milieus.[50] Wenige dieser Milieus überlebten die Gewaltkatastrophen der ersten Hälfte des 20. Jahrhunderts. Obwohl Milieugrenzen in den Jahrzehnten nach dem Zweiten Weltkrieg nicht mehr in gleicher Weise moralisch aufgeladen waren, erwiesen sie sich als umso undurchlässiger. Als *Magnum: Zeitschrift für das moderne Leben* 1961 prominente Intellektuelle einlud, eine Bilanz der Bundesrepublik vor dem Hintergrund der vorangegangenen zwölf Jahre der nationalsozialistischen Herrschaft zu ziehen, bemerkte Helmuth Plessner, der in den Niederlanden überlebt hatte, dass Deutsche auf beiden Seiten des Eisernen Vorhangs an »Hemiplegie« litten, auch wenn die halbseitige Lähmung eine je eigene Form annähme: »[W]as dort Marx in einer Form der Synthese aus Katechismus und Felddienstordnung zuwege bringt, schafft hier die freiwillige Selbstkontrolle. Zum Westen gekehrt und um europäische Einigung bemüht, herrscht Einverständnis über die Spielregeln, nach denen Gegensätze zum Ausgleich gebracht werden: der Proporz beherrscht die Szene. Die Konfessionen und Parteien haben das Vakuum nach der braunen Diktatur unter sich aufgeteilt und eine *balance of power* geschaffen, in der Duldung ohne Duldsamkeit, als formalistische Liberalität präsent ist. Jede Gruppe, auf ihre Weise autoritär und totalitär, grenzt sich gegen die anderen negativ ab, und alle sind sich darin einig, Experimente nach Möglichkeit auszuschließen.«[51]

Plessner war nicht der einzige Remigrant beziehungsweise Emigrant, der den Eindruck hatte, dass im deutschen Nachkriegsalltag etwas nicht stimme. Nach seinem ersten Besuch in der Bundesrepublik im Herbst 1956 brachte Siegfried Kracauer, der 1933 aus Deutschland hatte fliehen müssen, ähnliche Empfindungen zum Ausdruck. In einem Brief an seinen engen Freund, den Soziologen Leo Löwenthal, der mit ihm das Schicksal des Exils teilte, schrieb der Kulturphilosoph: »Wir waren nur drei Tage in Deutschland, zwei in Hamburg und einen in Freiburg, wo wir den alten Bernhard Guttmann besuchten. Das war uns auch genug. Der Hausknecht im Hotel in Hamburg war sicher ein devoter SA-Mann gewesen. Aber besser, man fragt die Leute nicht. Davon abgesehen, jeder war nett zu uns, die jungen Leute sind wißbegierig (und wissen nichts); es ist wirklich gutes Material vorhanden. Der Grund, warum uns davor schauderte, dort sein zu müssen, ist ein anderer: die Tatsache, daß es in Deutschland nie eine Gesellschaft gab, zeigt sich erschreckend. Die Leute sind alle völlig formlos und unkanalisiert, sie haben kein Außen (und ein ungeordnetes Innen). Es ist alles da, aber nichts am Platz. Daher das unechte, gekünstelte Benehmen, die *stilted language*, die komplette Unsicherheit. Die Leute sind *not so much human beings as raw material for human beings*. Kurzum, ich traue ihnen nicht.«[52]

Ein Mangel an Form (und an *politesse*) und die Undurchlässigkeit von Moralgrenzen kennzeichneten den bundesdeutschen Alltag. Friedrich Tenbruck, einer der wenigen Wissenschaftler, die dem Alltagsleben nachspürten, hob die »deutlichen Unsicherheiten und Irritationen« hervor, die das gesellige Zusammenleben prägten. Die Westdeutschen neigten dazu, »im eigenen Verkehrskreis zu verharren, um den hohe Barrieren gezogen sind. Man bleibt gern unter sich, weil man sich dort frei, natürlich und sicher fühlt«. Zufällige Begegnungen mit Fremden weckten selten Neugier und blieben stattdessen auf den verlegenen Austausch von Floskeln beschränkt. »Eine hohe Selektivität der Kontakte und ausgeprägte Idiosynkrasien deuten auf das Bedürfnis nach Gleichartigkeit«, hielt Tenbruck

1974 fest: »[S]ie bezeugen einen Mangel an Aufnahmebereitschaft, Kontaktfähigkeit und Austauschwillen. Der Hang zur cliquenhaften Besonderung, das Fehlen des Gemeinmenschlichen ist spürbar. So unproblematisch und tolerant durchschnittlich die Begegnungen verlaufen, es fehlt an jener Durchlässigkeit, in der sich Individualität ausspricht, ernst nimmt und aneinander reibt, an der Neugier, die sich an der Individualität und Erfahrung anderer bilden will [...].«[53] Der Hang, nur mit Gleichgesinnten zu verkehren, war und ist so selbstverständlich, dass im heutigen Deutschland mancher Historiker verblüfft und gar irritiert notiert, dass intellektuelle Gegner wie Jürgen Habermas und Wilhelm Hennis lange zusammengearbeitet haben, dass öffentliche Widersacher wie Theodor W. Adorno und Arnold Gehlen privat verbunden waren oder dass der Auschwitz-Überlebende Joseph Wulf ausgerechnet mit Ernst Jünger Briefe wechselte.[54]

Vor allem ausländischen Beobachtern fielen die Eigenheiten der deutschen akademischen Welt auf, einer Welt, die sie sonst bewunderten. Aus der Sicht des Soziologen Johan Galtung ließ eine Kultur zeremonieller Höflichkeit keinen Raum für spielerische *politesse* und Witz im Umgang mit deutschen Kollegen, die oft eine Haltung an den Tag legten, in der ressentimentgeladene Provinzialität, Größenwahn und Minderwertigkeitskomplexe sich auf skurrile Weise verstärkten.[55] Hatte Galtung mit Kollegen von deutschen Universitäten und Forschungseinrichtungen zu tun, traf er auf den gleichen eigentümlichen intellektuellen Stil, den er »›teutonisches Denken‹ [nannte] [...] nicht so sehr wegen seiner Form als wegen seiner Ernsthaftigkeit, der gnadenlosen Tatkraft, dem Eifer, mit dem diese Art der Tätigkeit betrieben wird«. Witze gelten als »frivol«, weil »sie den fehlenden Glauben an das, was man sagt«, verraten. Statt sich einen unbeschwerten Pragmatismus zu eigen zu machen, setzten die Deutschen einen »humorlosen frostigen Blick und eine unfreundliche Miene« auf, während sie sich auf ihre Theorie beriefen und aus »ein paar wenigen Grundprinzipien« empirische Beobachtungen ableiteten. Weil die Welt der Wissenschaft sich aus mehreren verfeindeten Lagern zusammensetzte, verbrachten Galtungs deutsche Kollegen viel Zeit damit, »Gutachten« auszustellen, in denen sie »andere Systeme, Artikel, Bücher, Autoren, Gruppen, Schulen usw. klassifizieren«. Innerhalb dieser Lager »bildete sich eine spezielle Geheimsprache heraus«, die sich »wesentlich besser für die Binnenverständigung als für die Kommunikation nach außen« eignete. Trat der seltene Fall ein, dass Mitglieder verfeindeter Lager zusammenkamen, blieben die Diskussionen zwischen den Angehörigen unterschiedlicher Stämme »ablehnend und destruktiv«: »Im Allgemeinen gilt die Annahme, dass zwischen dem Referenten und dem Publikum ein unerklärter Krieg herrscht.« Das sei auch der Grund für den Mangel an Neugier und die Unfähigkeit, eine »entspannte und freundliche Atmosphäre« zu schaffen. Wissenschaftliche Gespräche zwischen den Vertretern des teutonischen intellektuellen Stils seien »eine Reihe von Monologen und kein wirklicher Dialog. [...] Es ist, als ob jeder Teilnehmer auf dem Gipfel seines Systems sitzt und sich an seine kleine (oder große) Alm klammert«, wobei er mit »ungewöhnlich schriller Stimme« verkündet, dass »seine Alm die einzige ist«.

Unbeholfene Begegnungen – Moralische Obsessionen

Man muss Tenbrucks oder Galtungs Thesen nicht teilen, um zu erkennen, dass die Nachkriegsdeutschen nicht gerade zu Meistern einer spielerischen *politesse* wurden. Nur wenige beherzigten Henri Bergsons Rat, dass eine *politesse des manières* und eine *politesse de l'esprit* sich aus einer republikanischen Gleichheitsliebe speisen und Ausdruck »einer geistigen Anpassungsfähigkeit« sind, die es den

Bürgerinnen und Bürgern ermöglicht, mit Feindschaft und Abneigung zu leben und Formen von Geselligkeit zu kultivieren, dank derer sie auch jene Dinge begreifen können, die sie sich nicht zu eigen machen wollen.[56] Die Fähigkeit, das Gespräch mit Fremden oder gar seinen Gegnern zu suchen, das Vermögen, Meinungsverschiedenheiten oder Feindschaften mithilfe von Regeln einzuhegen, die Kunst, politische Leidenschaften anzuerkennen und moralische Konflikte auszuhalten – solche elementaren Tugenden des öffentlichen Lebens in einer liberalen Demokratie zählten (und daran hat sich wohl wenig geändert) nicht zu den Stärken der Nachkriegsdeutschen. Lieber gaben sie sich dem Traum von moralischer Harmonie hin, statt Vielfalt, Konflikte und Dilemmata in Fragen der Moral als unvermeidliche Folge der bürgerlichen Freiheit des Einzelnen anzuerkennen. Im Traum von der »inneren Einheit« kommt, wie Christoph Möllers betont, »kein gutes Erbe zum Vorschein«.[57]

Es kann daher kaum überraschen, dass viele anregende Studien zur zweiten Hälfte des 20. Jahrhunderts den Zusammenhang zwischen der demokratischen Ordnung und den privaten Lebensformen erkunden. Dadurch haben sie die Grundlage geschaffen für eine Geschichte der moralischen Leidenschaften in der deutschen Nachkriegszeit. Das gilt für die Debatten über Geschlechterbeziehungen und die Familie, Kindererziehung und väterliche Autorität, die Kontroversen über Sexualität und Abtreibung, Heteronormativität und die Rechte von Schwulen und Lesben, die Auseinandersetzungen um eine Konsumkultur und die Rolle Deutschlands in der Welt, die Debatten über die Bedeutung von Opferstatus und Trauma, der Streit um die Erinnerung an den Holocaust und den Nationalsozialismus, die Auseinandersetzung über Einwanderung und nationale Identität sowie die Diskussion über die Rolle der Religion und der Vielfalt im öffentlichen Leben. In diesen Disputen lebt die Obsession fort, das Schicksal der deutschen Nachkriegsdemokratie hänge von bestimmten privaten Lebensformen und spezifischen Moralvorstellungen ab.

Mit dem Begriff der Moralgeschichte soll keine analytische Kategorie geprägt oder gar eine moralgeschichtliche Wende ausgerufen werden. Der Begriff dient allein als störrischer Reisebegleiter, der neue Perspektiven eröffnet. Diese lassen uns danach fragen, weshalb die Grenze zwischen dem Politischen und dem Privaten in Zeiten revolutionärer Umbrüche und tiefgreifenden politischen Wandels noch fragwürdiger und strittiger war als sonst. Das gilt für die deutsche wie für die europäische Nachkriegsgeschichte. Utopien und Obsessionen, Traumbilder und Ängste kreisten um die Frage, welche Folgen private Tugenden und Laster für das Gemeinwohl haben könnten. Die Sorge um die politischen Konsequenzen privaten Handelns prägte die Art und Weise, wie sich die Nachkriegsdeutschen als Bürger eines demokratisch verfassten Gemeinwesens verstanden. In den Jahrzehnten nach dem Krieg herrschte Einigkeit über folgende Prämisse: Der eigentliche Grund des Politischen sei weder die Feindschaft oder die Konkurrenz noch der Frieden oder das gemeine Wohl, sondern der private Raum. Vor diesem Hintergrund wird es möglich, sich einen Reim darauf zu machen, wie leidenschaftlich die Bundesbürger einerseits über den besten Weg bei der Suche nach der Demokratie als Lebensform stritten und wie unbeholfen sie sich andererseits in den Debatten anstellten. Infolge dieser Besessenheit prägte Unbeholfenheit die ungesellige Geselligkeit der Bürger, eine Erfahrung, die deren Sorge um das Gemeinwohl und deren Angst vor der Freiheit nur noch verstärkte.

Kapitel III

Das Lächeln der Verfassungsrichterin: Die Suche nach der Demokratie in der frühen Bundesrepublik

Richter haben ein Urteil mit ernster Miene zu verkünden. Umso bemerkenswerter ist ein Bericht der *Frankfurter Allgemeinen Zeitung* vom 30. Juli 1959: Erna Scheffler, die einzige Frau unter den sechzehn Richtern des seit 1951 bestehenden Bundesverfassungsgerichts, habe die Entscheidung zum sogenannten väterlichen Stichentscheid mit »einem Lächeln« vorgetragen.[1]

Das oberste bundesdeutsche Gericht befand in seinem Urteil, dass die »zwischen den Eltern bestehende sittliche Lebensgemeinschaft und ihre gemeinsame, unteilbare Verantwortung gegenüber dem Kinde [...] in Verbindung mit dem umfassenden Gleichberechtigungsgebot der Verfassung im Bereich der elterlichen Gewalt zu voller Gleichordnung von Vater und Mutter« führe.[2] Mit dieser Entscheidung erklärte das Gericht zwei Paragraphen des »Gesetzes über die Gleichberechtigung von Mann und Frau auf dem Gebiet des bürgerlichen Rechts« vom 18. Juni 1957 für nichtig, in denen ein patriarchalisches Verständnis elterlicher Autorität zum Ausdruck kam: Paragraph 1628 des Bürgerlichen Gesetzbuches legte fest, dass in Erziehungsfragen der Vater das letzte Wort habe, und Paragraph 1629 bestimmte, dass die Vertretung des minderjährigen Kindes allein ihm zustehe. Zwar betonten die Verfassungsrichter auch im Jahr 1959, dass die »objektiven biologischen oder funktionalen [...] Unterschiede« der Geschlechter im Familienrecht eine je spezifische rechtliche Bestimmung der Rolle für die Ehegatten erlaube. Mit dem Gleichheitsgebot des Grundgesetzes sei durchaus zu vereinbaren, dass nach Paragraph 1360 des BGB »die Ehefrau ihre Verpflichtung, durch Arbeit zum Unterhalt der Familie beizutragen, in der Regel durch die Führung des Haushaltes« erfülle, »der Ehemann [...] durch Erwerbstätigkeit«. Doch lägen die Dinge bei der Frage der Erziehung anders.

Das Prinzip des väterlichen Stichentscheids, für das sich die Bundesregierung und der Bundestag ausgesprochen hatten, lasse sich nicht aus den objektiven Unterschieden zwischen Männern und Frauen herleiten. »Für die verfassungsrechtliche Beurteilung«, argumentierten die Richter, sei »maßgebend, daß die bestehenden Verschiedenheiten – mag man sie biologisch oder funktional nennen –« anders als die »vergleichbaren Elemente[n]« in den »Beziehungen von Vater und Mutter zu den Kindern« zu vernachlässigen seien. Aus Sicht des Gerichts waren also »die Beziehungen beider Eltern zu Kindern ihrem Wesensgehalt nach gleich«.[3] Das Karlsruher Urteil entthronte damit den Familienpatriarch – zumindest im Rahmen des bürgerlichen Rechts. Künftig hatte der Vater nicht mehr das letzte Wort: Sollten sich Vater und Mutter in einer Frage nicht einigen können, hatten beide das Recht, einen Vormundschaftsrichter anzurufen, der eine Rolle als »entscheidende Instanz ›letzter Linie‹« übernehme.[4]

Für die von der CDU geführte Bundesregierung war das Urteil ein Schlag ins Kontor. Unter den Anhängern einer patriarchalischen Familienordnung löste es einen Sturm der Entrüstung aus. Dabei tat sich vor allem der *Rheinische Merkur* hervor. Der Leitartikel, mit dem die konservativ-katholische Wochenzeitung auf das Urteil reagierte, wies die Begründung des Gerichts entschieden zurück. Die Hüter der Verfassung seien, argumentierte der Leiter des Bonner Büros der Zeitung Paul Wilhelm Wenger, dem »›Trend‹ dieser Zeit« gefolgt, »die vaterlose Gesellschaft als Leitidol zu etablieren«. Statt die Familie als »Keimzelle aller irdischen Gemeinschaft« zu schützen, hätten sich die Richter einer Argumentation bedient, die den Geist »verstaubte[r] Geltungskämpfe aus der Ära der Suffragetten« atme. »Dank dieser Prinzipientreue«, warnte der *Rheinische Merkur*, »stehen wir nun vor einem Einbruch der ungeeignetsten Instanz, nämlich des Staates, in jenen Bereich, dessen innere Ordnung und Gesundheit erst den guten Staat als Verband möglichst vieler guter Familien ausmacht«. Das Urteil beruhe auf der »abenteuerliche[n] Irrlehre, daß der Staat – repräsentiert vom Vormundschaftsrichter – der legitime Vater- und Mutter-Ersatz sei«, und erinnere daher an »jene wilden Anfangszeiten des Sozialismus, als anarchistisch lebende Berufsrevolutionäre sich der Frau gegenüber dadurch entpflichteten, daß sie deren unbeschränkte Freiheit und Gleichheit proklamierten«. Man könne sich leicht vorstellen, so Wenger, »wie vergnügt man sich in der Sowjetzone die Hände über diese formaldemokratische Einebnung der Familie reiben wird«. Um den Schaden zu begrenzen, solle der Bundestag noch einmal die Frage aufgreifen, auf welche Weise der Staat »Ehe und Familie in ihrer vorhandenen Kulturüberlieferung« schützen könne. Zudem müsse die Bundesregierung umgehend ein »Oberste[s] Bundesgericht« errichten, um den Einfluss der Verfassungsrichter zu beschneiden, bevor diese die Familienpolitik durch eine weitere Entscheidung gefährden könnten.[5]

Sieht man einmal von dem Aufruf ab, das Verfassungsgericht zu entmachten, finden sich in diesem Artikel des *Rheinischen Merkurs* die Kernelemente eines »christlich-abendländischen« Leitbildes der Ehe und Familie. Wie Studien zur Geschlechtergeschichte der frühen Bundesrepublik gezeigt haben, knüpfte die Regierung Adenauer an christliche Politikentwürfe aus dem späten 19. und frühen 20. Jahrhundert an.[6] Vor allem der seit Oktober 1953 amtierende Familienminister Franz-Josef Wuermeling pries die »bürgerliche Familie« und eine Hierarchie der Geschlechter als Garanten der Stabilität, ja als moralische Waffen im Kampf gegen die nationalsozialistische Vergangenheit und die kommunistische Bedrohung. Statt die Gleichberechtigung von Männern und Frauen innerhalb der Familie zu ermöglichen, wie es Frauenrechtlerinnen und Soziologen gefordert hatten, schrieb das 1957 verabschiedete Familiengesetz die patriarchalische Geschlechterordnung fest, indem es den Vätern die entscheidende Autorität zuwies und das Leitbild der »Hausfrauenehe« verankerte. Folgt man dem Historiker Robert Moeller, gab es während der Adenauer-Ära in der »Diskussion über die Stellung der Frau und die Struktur der Familie [...] wenig Raum für Experimente irgendwelcher Art«. In den fünfziger Jahren habe es einen breiten Konsens gegeben, dass die Familie »Erneuerung und Schutz, nicht die Konfrontation mit neuen Entwürfen« verdiene.[7]

So schlüssig und einflussreich diese Lesart der Geschlechtergeschichte der frühen Bundesrepublik ist, eines kann sie nicht erklären: Das Lächeln Erna Schefflers, als sie am 29. Juli 1959 im Namen des Karlsruher Gerichts den väterlichen Stichentscheid für verfassungswidrig erklärte. Scheffler, 1893 in Breslau geboren, war eine feministische Vorzeigejuristin ihrer Generation. Sie sei in einer Zeit aufgewachsen, schrieb ihr Kollege im Ersten Senat des Verfassungsgerichts Konrad Zweigert rückblickend, »in der die berufstätige Frau, besonders die Juristin, noch als abartige [...] Figur« galt, und habe deshalb »um so entschlossener« Jura studiert und bereits 1914 promoviert.[8] Ihren Platz im Senat des Karlsruher Gerichts hatte sich Scheffler 1950 mit einer fulminanten Kritik des patriarchalischen Ehe- und Familienrechts auf dem Deutschen Juristentag verdient. So kontrovers ihre Thesen waren, so hoch war ihre Reputation unter Juristen. Sie konnte sich deshalb gegen Hildegard Krüger und Elisabeth Selbert durchsetzen, die von der SPD im Mai 1951 als erste Bundesverfassungsrichterin ins Gespräch gebracht worden war.[9]

Auch nach ihrem Wechsel nach Karlsruhe warb Scheffler in Reden und Veröffentlichungen für die Gleichberechtigung von Mann und Frau. Sie schreckte nicht davor zurück, den ehe- und familienrechtlichen Gesetzentwurf der Bundesregierung öffentlich als »tragisch, wenn nicht lächerlich« zu bezeichnen, da dieser das Patriarchat ebenso sichere wie das alte BGB.[10] Vor allem aber nutzte sie die Chance, die sich ihr in Karlsruhe bot, für eine egalitäre Geschlechterordnung einzutreten. Laut Zweigert seien bis zu ihrem Ausscheiden im Jahre 1963 alle Karlsruher Entscheidungen zur Gleichberechtigung von Mann und Frau »im wesentlichen ihr Werk« gewesen. Für Scheffler sei es »besonders beglückend« gewesen, so ihr Kollege, dass ihr als Verfassungsrichterin »das starke Gebot der gerichtlichen Entscheidung« zur Verfügung stand, an die alle »Verfassungsorgane [...] gebunden waren und sind«, sofern es ihr gelang, »ihre richterlichen Kollegen« zu überzeugen.[11] Selbst konservative Richter wie Theodor Ritterspach, der ebenfalls von Anfang an dem Ersten Senat angehörte, würdigten, dass Scheffler »persönliche Liebenswürdigkeit und sachliche Bestimmtheit« überzeugend verbunden und »wirkungsvoll« für ihre Position gestritten habe.[12]

Noch am Tag der Verkündung schrieb Scheffler an Marie-Elisabeth Lüders, sie empfinde es als »eine der schönsten Freuden«, ihr das Urteil schicken zu können.[13] In Karlsruhe machte Anfang August zudem das Gerücht die Runde, Scheffler habe am Abend des 29. Juli 1959 das Ende des väterlichen Stichentscheids mit Freunden im »Erbprinz« bejubelt, einem mondänen Restaurant der Stadt, in dem Gina Lollobrigida, Horst Buchholz und Maria Schell zwei Jahre zuvor ihre Bambis gefeiert hatten.[14] Die Verfassungsrichterin habe das Urteil als »Krönung ihres Werkes« empfunden, erinnert sich der Familienrechtler Wolfram Müller-Freienfels, den der Juristinnenbund im Februar 1959 gemeinsam mit Helmut Ridder beauftragt hatte, jene vier Mütter zu vertreten, die gegen die Paragraphen 1628 und 1629 des BGB Verfassungsbeschwerde erhoben hatten.[15] Insofern griffe es zu kurz, Scheffler für eine Ausnahmeerscheinung zu halten, der es zufällig gelang, dem patriarchalischen

Geist der Adenauer-Ära eine verfassungsrechtliche Nase zu drehen, indem sie ihre sieben Kollegen des Ersten Senats überredete, eine Entscheidung mitzutragen, die diese wohl nicht getroffen hätten, wären sie sich der Konsequenzen ihres Urteils bewusst gewesen.

Anfänge einer emanzipatorischen Geschlechterpolitik

Vielleicht kommt man Schefflers Lächeln auf die Spur, wenn man zwei Säulen einer patriarchalischen Geschlechterordnung unterscheidet. Zum einen die sozial- und arbeitsrechtliche Dimension. Hier herrschte bis weit in die sechziger Jahre hinein ein breiter Konsens, dass Frauen ihren Beitrag zum Unterhalt der Ehe und Familie durch Hausarbeit, Männer dagegen durch außerhäusliche Berufstätigkeit zu leisten hatten. Nur eine kleine Minderheit plädierte für arbeitsmarkt- und sozialpolitische Modelle, die es erleichtern sollten, Familie und Beruf zu vereinbaren.[16] Die andere Säule dagegen steht für die rechtliche Normierung von Macht und Herrschaft im Verhältnis der Geschlechter. Hier ging es buchstäblich darum, wem der Gesetzgeber in Fragen des ehelichen Zusammenlebens und der Erziehung der Kinder das letzte Wort zusprach. In den fünfziger Jahren konzentrierte sich die Kritik an der Geschlechterordnung auf diesen Aspekt. Dass Scheffler und ihre Kollegen die rechtlich vorgeschriebene väterliche Vorherrschaft im engeren Sinne für verfassungswidrig erklärten, lässt sich daher als eine familienpolitische Zäsur und als ein epochemachender Durchbruch einer emanzipatorischen Geschlechterpolitik interpretieren. Laut Marie-Elisabeth Lüders beendete das Urteil einen fünfzig Jahre zurückreichenden Kampf für die »Anerkennung elementarster Selbstverständlichkeiten«. In ihren Memoiren betonte die Wortführerin der liberalen Frauenbewegung in der frühen Bundesrepublik, dank Schefflers »glänzender Darlegung aller juristischen Für und Wider« sei es gelungen, »die sinnlose und verfassungswidrige Formulierung« des Stichentscheids »zu Fall zu bringen und damit die vorbehaltlose Gleichberechtigung beider Ehepartner [...] durchzusetzen«.[17]

Auch wenn man über die Grenzen der Bundesrepublik hinausblickt, war das Karlsruher Urteil bemerkenswert. Abgesehen von den skandinavischen Ländern, die bereits in den frühen zwanziger Jahren dem Patriarchen seine rechtliche Grundlage entzogen hatten, kannte das Familienrecht aller anderen europäischen Demokratien zu Beginn der sechziger Jahre das väterliche Entscheidungsrecht oder den Stichentscheid. »Le mari est le chef de la famille«, hieß es etwa in Artikel 213 des französischen Code civil – und dabei handelte es sich bereits um eine entschärfte Version der bis 1938 geltenden Fassung: »Le mari doit protection à sa femme, la femme obéissance à son mari.«[18] Griechenland und Österreich kannten als einzige europäische Staaten bis in die späten siebziger Jahre sogar noch die Institution der »väterlichen Gewalt«. Dem Familienrecht der Donaurepublik galt dieses patriarchalische Privileg als »unverzichtbar, unveräußerlich [und] unvererblich«. Nach Paragraph 198 ABGB trat »beim Tode des Vaters [...] daher kein Übergang auf die Mutter ein; es wird ein Vormund bestellt«.[19]

Die Argumentation des Bundesverfassungsgerichts entsprach einem in der westdeutschen Öffentlichkeit verbreiteten Bedürfnis, väterliche Autorität nicht mehr als ein natürliches Entscheidungsrecht des Mannes und als ein hierarchisches Verhältnis von Befehl und Gehorsam aufzufassen. Das war insofern erstaunlich, als zu Beginn der fünfziger Jahre selbst eine linksliberale Zeitschrift wie *Die Gegenwart* den »väterlichen Stichentscheid« verteidigt hatte. »Irgend jemand muß schließlich die Entscheidung treffen«, betonte im August 1952 der Mitherausgeber Max von Brück, ohne jedoch zu begründen, warum nicht auch die Mutter die Rolle des

»irgend jemand« hätte übernehmen können.[20] Ende der fünfziger Jahre stieß das Aus für den väterlichen Stichentscheid dann in der Presse auf große Zustimmung – sieht man vom *Rheinischen Merkur* ab. Obwohl in dieser Zeit Gerüchte die Titelseiten beherrschten, eine USA-Reise des sowjetischen Ministerpräsidenten Nikita Chruschtschow stehe unmittelbar bevor, widmeten alle großen Zeitungen dem Karlsruher Urteil ihre Aufmacher und Leitartikel. »Pater familias dethroned in Germany«, titelte die Londoner *Times*, und die *Frankfurter Rundschau* begrüßte die Entscheidung des Gerichts: Es bestehe »kein Zweifel«, dass »die beiden für nichtig erklärten Paragraphen dem Gleichberechtigungsgrundsatz unseres Grundgesetzes widersprochen haben«.[21]

Der Leitartikel der *Frankfurter Allgemeinen Zeitung* erinnerte an die »mit viel weltanschaulicher Wolle begründeten Umschreibungen des betreffenden Paragraphen, in denen immer wieder das gemeinsame Entscheidungsrecht des Ehegatten betont wird, um dann doch zuletzt das Entscheidungsrecht des Vaters festzustellen«. Die verquaste Rede von der »christlich-abendländischen« Familie habe aber ebenso wenig »wie die unschöne Wortbildung ›Stichentscheid‹« davon ablenken können, dass »hier der Grundsatz der Gleichberechtigung durchbrochen war«.[22] Das sei ein schwarzer Tag für die Väter, spottete *Die Welt; Die Zeit* freute sich darüber, dass nun die »letzte Bastion väterlicher Vorherrschaft in der Familie gefallen« sei, und die *Deutsche Zeitung mit Wirtschaftszeitung* sah die Idee eines väterlichen Stichentscheids nach dem Urteil in der »Rumpelkammer der Geschichte«: Jedem, der den Text der Verfassung lese, sei es »selbstverständlich«, dass »Frauen in der Bundesrepublik [...] bei der Erziehung ihrer Kinder die gleichen Rechte [...] wie ihre Männer« haben sollten.[23] Selbst die damals noch den Unionsparteien nahestehende *Süddeutsche Zeitung* befürwortete das Urteil und erinnerte an die »ungeheure soziale Umwälzung der letzten Jahrzehnte« – eine mindestens ungenaue Umschreibung des

Nationalsozialismus, des totalen Kriegs und der Zusammenbruchgesellschaft. Diese habe »die Frau in der Ehe zur Partnerin des Mannes gemacht und ihr in weit größerem Maße als früher die Verantwortung für die Erziehung der Kinder auferlegt, ihr aber auch durch Bildung und Beruf die Fähigkeit gegeben, diese Aufgabe zu bewältigen«.[24]

Sogar die meisten konservativen Experten für Familienrecht, die während der siebenjährigen Entstehungsgeschichte des »Gleichberechtigungsgesetzes« vom 18. Juni 1957 dafür eingetreten waren, dass dem Mann und Vater in Ehe und Familie das letzte Wort gehöre, akzeptierten das Karlsruher Urteil stillschweigend. Einige unter ihnen plädierten sogar dafür, mit der Entscheidung des Gerichts pragmatisch umzugehen. Das galt etwa für Günther Beitzke, der sich als Mitglied der Familienrechtskommission der Evangelischen Kirche Deutschlands und als Sachverständiger im Bundestagsausschuss für Rechtswesen für den väterlichen Stichentscheid eingesetzt hatte. Zwar kritisierte der Verfasser des auflagenstärksten Lehrbuchs für Familienrecht im November 1959 einzelne Argumentationsschritte der Karlsruher Richter. Doch wies er entschieden die Position seines Bonner Kollegen Friedrich Wilhelm Bosch zurück, der die Gesetzeskraft des Urteils vom 29. Juli 1959 angezweifelt hatte. Statt einer solchen Fundamentalopposition sollten sich die Familienrechtler nun darauf konzentrieren, »ein Aushilfs-Entscheidungsrecht des Vormundschaftsgerichts in engen Grenzen« zu halten. In diesem Punkt war er sich mit liberalen Familienrechtlern einig, auch Scheffler hatte das Argument auf dem Deutschen Juristentag im September 1950 eingebracht.[25] In der von der Arbeitsgemeinschaft für öffentliche und freie Wohlfahrtspflege herausgegebenen Zeitschrift *Soziale Arbeit* notierte die Rechtsanwältin und Kritikerin der patriarchalischen Elemente im Gleichberechtigungsgesetz Emmy Engel-Hansen ebenso lakonisch wie zufrieden, es sei »müßig«, sich weiterhin mit den »Verfechter[n] des Stichentscheides« auseinanderzusetzen. Denn das Urteil der Karlsruher Richter binde die Gerichte.[26]

Die Karawane der Experten, welche die Frage der väterlichen Autorität von der Verabschiedung des Grundgesetzes bis zur Entscheidung des Bundesverfassungsgerichts diskutiert hatte, zog weiter. Wenige Monate nach der Urteilsverkündung war nur noch zweierlei strittig: Ob es auch für die Zeit »der Scheinherrschaft des Paragraphen 1629«, nämlich die Zeit vor dem 29. Juli 1959, Geltung beanspruchen könne, und ob das Vormundschaftsgericht die Religion von Kindern bestimmen dürfe, eine Kompetenz, die manche für unvereinbar mit dem Gebot der konfessionellen Neutralität des Staates hielten.[27]

Auf Zustimmung stießen Scheffler und ihre Kollegen insbesondere bei katholischen Laien, die in der Familien- und Jugendarbeit tätig waren und sich vor dem Hintergrund ihrer praktischen Erfahrungen immer offener vom Klerus distanzierten, der die theologische Begründung für den Letztentscheid des Vaters geliefert hatte. Der Chefredakteur der *Zeitschrift für Caritasarbeit und Caritaswissenschaft*, Karl Borgmann, etwa kritisierte jene »katholische[n] Juristen und Schriftsteller«, die argumentiert hatten, das Urteil verstoße »gegen die Lehre der katholischen Kirche«. Deren Haltung sei nach der Karlsruher Entscheidung nicht nur realitätsfern, sondern verstelle auch den Blick auf die »Vorteile«, die »durch den Wegfall des Stichentscheides gegeben« seien. Seinen Gegnern hielt Borgmann vor, das »Prinzip der väterlichen Autorität blind« anzuwenden. Zweifellos nehme der »gute Vater an den Sorgen seiner Frau Anteil«; es sei aber eine »auch durch lange Tradition nicht mehr zu heiligende ›Barbarei‹ […], wenn nun der Vater bei Meinungsverschiedenheiten […] das absolute Entscheidungsrecht haben soll«. Er sei überzeugt, dass das Urteil des Verfassungsgerichts »sich nicht nur nachteilig auswirken« werde. Die »gegenwärtigen Polemiken«, schloss Borgmann, glichen »ohnehin nur müden Nachhutgefechten«.[28]

Auch die vormundschaftsgerichtliche Praxis zeigt, dass sich die Vorherrschaft der Väter nach dem 29. Juli 1959 nicht mehr auf die Hilfe des Staates und der Justiz verlassen konnte. Inwiefern sich infolge des Karlsruher Urteils das Machtverhältnis von Vätern und Müttern im Alltag jener Familien verschob, die nicht in den Blick der Justiz gerieten, muss offen bleiben. Gerichtsrelevant wurden vor allem Konflikte in zerrütteten Ehen: Fast immer hatten sich die Eltern getrennt oder zerstritten, häufig war das Scheidungsverfahren eröffnet, aber noch nicht abgeschlossen. Meist entschieden die Vormundschaftsgerichte zugunsten der Mütter. Manche Kinder wie die 1943 geborene Gisela N. verdankten dem verfassungsrichterlichen Urteil jedenfalls ihre Chance auf eine bessere Schulbildung. Giselas Eltern lebten getrennt, und da sie im März 1961 die Höhere Handelsschule verließ, stellte sich die Frage, ob die Tochter, wie ihr Vater es wünschte, eine kaufmännische Stellung annehmen oder, wie ihre Mutter es wollte, eine Wirtschaftsoberschule besuchen sollte, um die höhere Reife zu erlangen. Auf Antrag der Mutter übertrug das Vormundschaftsgericht ihr das Sorgerecht für die Tochter und stellte so sicher, dass Gisela die Wirtschaftsoberschule besuchen konnte. Sowohl ein Landgericht als auch das Karlsruher Oberlandesgericht wies die Klage des Vaters gegen diese Entscheidung zurück. Ob Gisela N. die höhere Reife tatsächlich erwarb, geht aus dem Urteil nicht hervor, wohl aber, dass ihre Mutter sie Ostern 1961 an der Wirtschaftsoberschule anmeldete und sie diese zum Zeitpunkt der Entscheidung des Oberlandesgerichts im Oktober 1961 besuchte.[29]

Richtet man den Blick weniger auf die sozial- und arbeitsrechtliche Säule der patriarchalischen Geschlechterordnung, sondern auf die Frage nach der Verteilung von Macht und Herrschaft im Verhältnis der Geschlechter, wird deutlich, dass auch die Adenauer-Ära eine Zeit der geschlechterpolitischen Experimente und Neuanfänge war. So sehr der Kanzler die Politik der frühen Bundesrepublik prägte, in der leidenschaftlichen Diskussion über die Frage der väterlichen Autorität entfaltete sich eine geschlechterpolitische Dynamik, die sich in der Zeit der christdemokratischen Erdrutschsiege nicht mehr steuern ließ. Die Suche nach neuen Formen der Vaterschaft war nicht nur eine Obsession, die die bundesdeutsche Öffentlichkeit zwischen den frühen fünfziger und späten sechziger Jahren umtrieb, sie bot zugleich die Möglichkeit, sich über das Verhältnis von Autorität und Demokratie zu verständigen. In der Rede über den »demokratischen Vater« experimentierten die Westdeutschen mit einem Lebensgefühl, das es ihnen erlaubte, die Bundesrepublik nicht nur als Schicksal, sondern als Chance zu begreifen. Erst vor diesem Hintergrund werden die Bedeutung der Karlsruher Entscheidung und die breite Zustimmung verständlich.

Damit ist der Kontext angesprochen, in den das Urteil vom 29. Juli 1959 gehört: Die unwahrscheinliche Renaissance einer demokratischen Kultur in der westdeutschen Nachkriegsgesellschaft. Volker Berghahn etwa hat darauf hingewiesen, dass wir inzwischen zwar eine Vorstellung davon gewonnen hätten, wie die Deutschen in den Nationalsozialismus hineingewachsen seien, aber nur wenig darüber wüssten, wie es ihnen gelang, aus dieser Geschichte von Gewalt, Terror und Massenmord wieder herauszukommen.[30] Über die Erfolgsgeschichte der Bundesrepublik darf nicht in Vergessenheit geraten, wie schwach ausgeprägt das demokratische Bewusstsein in der jungen Bundesrepublik war. Bereits frühe demoskopische Untersuchungen bestätigten, wie skeptisch die westdeutsche Öffentlichkeit der Idee der Demokratie gegenüberstand. Auf die Frage »Welcher große Deutsche hat Ihrer Ansicht nach am meisten für Deutschland geleistet?« antworteten 1950 zehn Prozent der Bundesbürger mit Adolf Hitler, vierzehn Prozent entschieden sich für Kaiser und Könige, fünfunddreißig Prozent für Otto von Bismarck, während nur sechs Prozent der Befragten »demokratische und liberale Politiker« nannten.[31]

Besonders Remigranten stach ins Auge, wie fremd den Deutschen die Idee der Demokratie als Lebensform zunächst war. Julius Posener, der 1945 als Offizier der britischen Political-Intelligence-Abteilung Eindrücke im besetzten Deutschland sammelte, warnte davor, zu große Hoffnungen in das Programm der »Reeducation« zu setzen. Die »große Mehrheit« der Bevölkerung stehe unter einem »moralischen« Schock, der »sie veranlaßt zu rufen: ›Es war alles falsch, *all-les falsch!!!!!!*‹«, notierte der 1904 in Berlin geborene und 1935 als Jude emigrierte Architekturhistoriker. Die meisten Deutschen griffen nach jedem »hingehaltenen neuen Wort [...] wie nach einem neuen Mäntelchen, das die Blöße bedecken soll, die nach dem Herunterreißen des braunen Hemdes sichtbar wurde«. Das neue Schlagwort »Demokratie« sei »bis dato inhaltsleer«: Infolge des moralischen Schocks sei den Deutschen noch ganz »dumm im Kopf, und da sie sich umsehen, finden sie nichts als ein Wort und schreiben es als neuen Titel über die alten, noch halb geglaubten Inhalte«.[32]

Viele Stichwortgeber der Debatten dieser Jahre formulierten ihre existentielle Sorge um die demokratische Zukunft des Gemeinwesens im Kontext der von ihnen diagnostizierten Krise der Geschlechterordnung. Dabei deuteten sie das »Dritte Reich« nicht als Betriebsunfall, sondern stellten die Erfahrung des Nationalsozialismus in einen größeren historischen Zusammenhang. Das gilt etwa für den in Stuttgart arbeitenden Psychoanalytiker und Therapeuten Felix Schottlaender, der einer breiteren Öffentlichkeit bekannt wurde, als er 1947 den Beitrag »Freiheit« für den Sammelband *Zur Klärung der Begriffe* verfasste, einem Schlüsselwerk der politischen Ideengeschichte dieser Zeit.[33] Zur Voraussetzung für die »Entstehung des Terrors in Deutschland« erklärte der Freudschüler und erste Herausgeber der Zeitschrift *Psyche* in einem 1946 veröffentlichten Essay die »reaktionäre und freiheitsfeindliche Einstellung der kirchlichen Gewalten« und das Fehlen »einer starken politischen Oberschicht«. Als die Ursache für den Erfolg des Nationalsozialismus galt ihm die zur »Selbstaufgabe gewachsene Angst« vor der Freiheit. Diese Angst sei typisch für eine »patriarchal bestimmte Nation« und führe zu einem »Abbau der nüchternen Vernunft«. Befalle die Angst vor der Freiheit »in Gestalt einer politischen Panik ein ganzes Volk«, spüle sie »die mühselig geschaffenen Errungenschaften« des demokratischen Rechtsstaats hinweg. Daher setze die Demokratie den Bruch mit dem patriarchalen Prinzip voraus: Sie bedeute die »Bereitschaft zur Selbsthilfe in einem reifgewordenen Volke, das dem Glauben an die väterliche Häuptlingsallmacht entwachsen ist und sich auf seine ihm innewohnende Fähigkeit verläßt, auch große Schwierigkeiten und Gefahren aus eigener Kraft zu meistern«.[34]

Die Frage, ob und wenn ja wie Autorität und Demokratie zu vereinen seien, spielte eine wichtige Rolle in der politischen Kultur der frühen Bundesrepublik, und der »Vater« wurde zu einem zentralen Symbol in dieser Debatte. Es erscheint zunächst naheliegend, die Obsession mit der Autorität als einen Hinweis auf ein Demokratisierungsdefizit zu verstehen, das erst im Zuge der gesellschaftlichen Veränderungen der späten sechziger und frühen siebziger Jahre überwunden wurde.[35] Einer solchen Lesart entgeht jedoch, dass sich das Verständnis dessen, was Autorität sei und wie diese sich begründe, bereits zwischen den frühen fünfziger und den späten sechziger Jahren verschob. In den Lexika der unmittelbaren Nachkriegszeit wehte noch der kalte Atem des obrigkeitsstaatlichen Untertanengeists, der für körperliche Gewalt gerade gegenüber kleinen Kindern plädierte. Die vierte Auflage von Kröners *Wörterbuch der Pädagogik* definierte 1953 Autorität als »das Ansehen von Personen oder unpersönlichen Wertträgern«. Fast wortgleich wie in der vorhergehenden Auflage von 1942 hieß es, Autorität sei »als unentbehrlicher Grundsatz der Erziehung und Menschenführung von umso größerem Wert, je mehr sie auf freiwilliger innerer Anerkennung durch den anderen beruht [...]. In der Wirklichkeit geht es jedoch ohne wirksame Unterstützung der Autorität durch äußere Symbole und Zwangsmittel [...] häufig nicht ab. Besonders in der Erziehung kleinerer Kinder können äußere Hilfsmittel vollends nicht entbehrt werden.«[36]

Hatte sich also Autorität um 1950 häufig an einem Modell von Befehl und Gehorsam orientiert und durch den Verweis auf Tradition legitimiert, betonten seit Mitte der fünfziger Jahre immer mehr Zeitgenossen, dass eine demokratische Gesellschaft ein neues Verständnis von Autorität voraussetze, das sich in einem Vertrauensverhältnis zwischen sozial Gleichen legitimiere. Das *Evangelische Soziallexikon*, das 1963 in einer grundlegend überarbeiteten Auflage erschien, warnte davor, Autorität mit Macht zu verwechseln. »Autorität lebt von dem *Vertrauen*, das ihr entgegengebracht werden kann.« Dieses Vertrauen solle »nicht blind geschenkt werden«, sondern setze die »kritische Wachsamkeit« voraus, auf die »echte Autorität angewiesen« sei: »Partnerschaft ist echte Voraussetzung jeder Autorität, nicht etwa nur deren (dialektische) Ergänzung«.[37] Partnerschaft wiederum gründe in der »Gleichheit« und »Mündigkeit der Partner« und sei daher mit einer »patriarchalisch-autoritären Ordnung« unvereinbar.[38]

Dass die Suche nach der Demokratie und der nach neuen Formen der väterlichen Autorität eng zusammenhingen, galt Kritikern des Gleichberechtigungsgesetzes vom 18. Juni 1957 als selbstverständlich. Aus ihrer Sicht war ein patriarchalisches Entscheidungsrecht des Mannes mit der Idee der Demokratie unvereinbar. Noch vor der letzten Lesung des Gesetzes notierte beispielsweise die Karlsruher CDU-Stadträtin Elisabeth Kamm in der *Zeit*, mit vielen Frauen sei sie »restlos enttäuscht«, dass der Rechtsausschuss des deutschen Bundestages sich im Dezember 1956 mit fünfzehn gegen dreizehn Stimmen für den Stichentscheid des Vaters ausgesprochen hatte. Für »*völlig unrichtig und unbewiesen*« hielt Kamm das Argument, »wer gegen den Stichentscheid sei, zeige sich sozialistisch angesteckt, denn er wolle die Entscheidungen aus dem Eigenbereich von Ehe und Familie in das staatliche Kollektiv verlagern«. So könne »man ja den Spieß umdrehen und sagen, der Stichentscheid stelle eine Diktatur im kleinen dar«. »*Entweder wir sind gleichberechtigt, dann aber überall*, oder wir sind es nicht – laut Stichentscheid«, schloss Kamm: »Dann muß man das aber auch in aller Ehrlichkeit zugeben. Und hier wäre dann als ›dritte Instanz‹ das Bundesverfassungsgericht anzurufen.«[39]

Ähnliche Argumente zirkulierten auch in Periodika, die sich eher unpolitisch verstanden und kaum als Sprachrohr eines kämpferischen Feminismus gelten können. In *Haus und Heim. Monatsschrift für Hauswirtschaft und Heimgestaltung*, einem Organ, das vor allem Artikel über »Heißwasser für die Küche«, »Kunst und Tapete« und »Neuzeitliches Wohnen mit Polstermöbeln« veröffentlichte, erschien im März 1957 ein Leitartikel von Johanna Dressler über »Zeitgemäßes Familienrecht«. Man müsse »kein ›Mannweib‹ sein, wenn man die Gleichberechtigung beider Geschlechter für eine in unserem Jahrhundert selbstverständliche Angelegenheit hält«, betonte die Journalistin. »Technisierung und

Industrialisierung, zwei Kriege und Inflationen« hätten das Zeitalter »der patriarchalischen Familienstruktur« beendet. Im neuen Familienrecht sollten daher »beide Ehegatten« »gemeinsame Rechte und Pflichten« gegenüber ihren Kindern haben. Wer dem zustimme, müsse die Idee des väterlichen Stichentscheids verwerfen. »Abgesehen davon, dass ›Gleichberechtigung‹ und ›Stichentscheid‹ eines Ehepartners paradox und unvereinbar sind, gäbe man mit dem Stichentscheid des Vaters dem weniger unterrichteten Elternteil« das letzte Wort. »Wir sind«, schloss Dressler, »eben aus echter Bejahung der Gleichberechtigung [...] nicht so uneinsichtig und unsachlich, den Stichentscheid der Mutter zu verlangen, was wir mit dem gleichen Recht tun könnten, zumal wir damit nur die gesetzliche Anerkennung der tatsächlichen Verhältnisse in den meisten Familien verlangten, in denen die Erziehung der Kinder in ganz überwiegendem Maße nur noch in den Händen der Frau liegt«.[40]

In ihrem vielbeachteten Gesetzeskommentar empörte sich Hildegard Krüger, die nach ihrer gescheiterten Nominierung für das Bundesverfassungsgericht als Landesverwaltungsgerichtsrätin in Düsseldorf arbeitete und sich im Laienkatholizismus engagierte, darüber, dass in einer Zeit, in der »die Welt [sich] demokratisier[e]« und »sogar die Tyrannen« meinten, sich »der demokratischen Fassade« bedienen zu müssen, der Bundestag glaube, »den patriarchalischen Vater als gesetzliches Leitbild entgegen der Norm der Verfassung schaffen zu müssen«.[41] Noch deutlicher wurde Krüger in ihrer Kritik an Albert Ziegler.[42] Der Jesuitenpater hatte sein Verständnis des Mannes als »naturhafte[m] Träger des Entscheidungsrechtes in Ehe und Familie« damit begründet, dass »Befehlen [...] eine naturhafte Sonderbefähigung des Mannes« sei, »Gehorchen eine ebensolche der Frau«.[43] »Die Diktatoren des Westens und des Ostens«, antwortete Krüger 1959 in den *Frankfurter Heften*, würden zweifellos Zieglers Rede von Befehl und Gehorsam »befriedigt aufgreifen«. Statt an diese Tradition anzuknüpfen, sei die Öffentlichkeit besser beraten, sich daran zu erinnern, dass es »keine von Frauen für Frauen geschaffene Gesellschaft oder Gemeinschaft« gebe, die »derart organisiert« sei: »In allen primär weiblichen Gesellschaften«, so Krüger, überwiege »bei weitem das demokratische Element«. Umso dringlicher sei es endlich, die »Ehe auch rechtlich als das anzusehen, was sie in jeder Hinsicht sein soll: die Gemeinschaft, in der Mann und Frau gleichgewichtig und gleichberechtigt sind«.[44] Eine weitere Kritikerin der Bundesregierung, Luise Berthold, argumentierte in einem öffentlichen Brief an die FDP-Bundestagsabgeordnete Hertha Ilk, die »friedlich-schiedliche Einigung über Differenzen« sei ein »Kernpunkt der *Demokratie*«: »Diese sollte in der Familie anfangen [...] und für die Kinder an ihren Eltern beobachtbar sein.« Umso bedauerlicher sei die Haltung des Gesetzgebers. Die Familie könne schwerlich zur Schule der Demokratie werden, solange der Staat hierarchische Beziehungen zwischen den Eltern rechtlich festschreibe. Als »Test für wahre oder nur vorgegebene Demokratie« galt Berthold daher die Frage, ob eine Partei sich für oder gegen den väterlichen Stichentscheid ausspreche. Mit einem an Dramatik kaum zu überbietenden »Videant consules!« schloss das Schreiben der Marburger Altgermanistin, die sich 1923 als eine der ersten Frauen in Deutschland habilitiert hatte, aber bis 1952 auf eine außerordentliche Professur warten musste.[45]

Bereits zu Beginn der fünfziger Jahre argumentierten selbst katholische Familienexperten, das Leitbild des patriarchalisch-autoritären Vaters und ein militärisch-soldatisches Verständnis von Männlichkeit widersprächen der Idee der Demokratie. In den Augen dieser Experten war der Versuch, neue Formen väterlicher Autorität zu begründen, eine der zentralen Herausforderungen in einer Gesellschaft, die sich mit dem doppelten Erbe des Nationalsozialismus und des Militarismus auseinandersetzen musste. Auch wenn diese Lesarten des »Dritten Reiches« heute fragwürdig erscheinen mögen, verdeutlichen sie doch, wie intensiv und ernsthaft die Öffentlichkeit der jungen Bundesrepublik die Frage nach den Ursachen von Gewaltherrschaft und Völkermord diskutierte.[46] Karl Borgmann etwa glaubte, 1952 beobachten zu können, dass das Familienbild vieler Christen »noch allzusehr vergangenen Staatsformen zugewendet ist, in denen der Bürger von oben regiert wurde und fast zur politischen Untätigkeit verurteilt war«. Kinder müssten, so der katholische Familienexperte in *Frau und Mutter* – einer Zeitschrift »für die katholische Frau in Familie und Beruf«, die monatlich mehr als eine halbe Millionen Abonnenten erreichte –, von frühauf lernen, »die Freiheit [zu] erfahren und [zu] gebrauchen«. Daher dürfe die Familie sich keinesfalls am Ideal der »absoluten Monarchie« oder gar der »Diktatur« orientieren. Wer einer patriarchalisch-autoritären Erziehung das Wort rede, habe nicht verstanden, dass die für die Verbrechen des Nationalsozialismus Verantwortlichen meist aus »›geordneten‹« Verhältnissen und nicht von den Rändern der Gesellschaft stammten. Väter, die »autoritär [...] und mit handgreiflichen Mitteln« erzögen, seien die Geburtshelfer der nationalsozialistischen Diktatur. Wer Kinder »immer wieder ungerecht« behandele, müsse damit rechnen, dass diese »als Erwachsene selbst zu Unterdrückern« würden, warnte Borgmann: »Manche Henker aus den KZ stammten nachweislich aus sogenannten ›geordneten Familien.‹«[47]

Dass Demokratie in der Familie beginne, betonte auch der *Männer-Seelsorger*, eine Zeitschrift, die ihre Leserschaft vor allem im katholischen Klerus fand, der Anregungen für die Predigt und für den Vortrag an einem der damals verbreiteten Männerabende suchte. In einer demokratischen Gesellschaft habe »die patriarchalische Familie« sich überlebt. Keinesfalls dürfe der Vater »nach einseitigem Führerprinzip selbstherrlich entscheiden«.

Stattdessen solle gerade auch in »der modernen Familie [...] etwas zu spüren sein vom Geist der guten Demokratie«.[48] Ähnlich argumentierte auch die mit einer Auflage von etwa einer halben Millionen Exemplaren ebenfalls viel gelesene katholische Zeitschrift *Mann in der Zeit*. Die Illustrierte warnte davor, Söhne und Töchter »eiskalt-militärisch« zu behandeln. Väterliche Autorität könne nicht dadurch gewonnen werden, dass man seine Kinder »strammstehen« lasse oder sie im »Kasernenhofton« herumkommandiere.[49]

Zum Vorbild von Millionen westdeutscher Männer und Frauen wurden beschädigte, aber liebevolle Männer, die die Leinwand in den fünfziger Jahren bevölkerten. Manchmal tollpatschig, manchmal unbeholfen, bewährten sie sich in der Rolle des sanften Vaters[50]. Manche Filme wie *Wir Wunderkinder* (1958) mit Hansjörg Felmy als Urbild des demokratischen Vaters waren beim Publikum ebenso beliebt wie bei der nationalen und internationalen Filmkritik. Meist handelte es sich aber um Schmonzetten wie *Vater sein dagegen sehr* (1957) und *Wenn der Vater mit dem Sohne* (1955) mit Heinz Rühmann in der Hauptrolle oder *Vater, Mutter und neun Kinder* (1958) mit Heinz Erhard. Diese am Massengeschmack orientierten Filme zeichneten das neue Leitbild des sanften Vaters. Als Projektionsfläche für die milde Väterlichkeit eignete sich niemand besser als Heinz Rühmann. Seit 1930 war er einer der größten Stars des Kinos und wurde im Laufe der dreißiger Jahre einer der Lieblingsschauspieler Hitlers, der sich von seiner jüdischen Frau scheiden ließ, um seinen Erfolg im nationalsozialistischen Deutschland nicht zu gefährden.

In *Wenn der Vater mit dem Sohne* wünscht sich der Sohn, der Vater möge mit ihm noch einmal »auf den Rummel« gehen. Auf die Frage, was der Sohn sonst gerne hätte, entfaltet sich der folgende Dialog[51]:

Sohn: »und dass es ganz lustig wird, ist das nicht etwas zu viel?«
Vater: »Nein, nein, das geht gerade noch. Mal sehen. Aber jetzt musst du schlafen.«
Sohn: »Papi, einen Moment noch!«
Vater: »Was willst Du denn noch?«
Sohn: »Ich will dich bloß noch etwas liebhaben, weil du so lieb bist.«
Vater: »So, glaubst du, dass ich das bin, ja?«
Sohn: »Ja, oh ja. Ich weiß gar nicht, wie der liebe Gott ohne dich so lange Zeit auskommen kann.«

Diese neuen Traumbilder der familialen Männlichkeit fanden bald auch Eingang in die Beratungsliteratur über Fragen der Kindererziehung, die sich zunehmend direkt an Väter richtete.[52] Zwar bieten diese Texte keine statistisch gesicherten Hinweise darauf, wie oft Väter tatsächlich den Kinderwagen schoben, die Windel wechselten oder ihre Kinder herzten. Doch angesichts ihrer hohen Auflage und der Tatsache, dass sie sich als Ware an dem Geschmack des Publikums orientieren mussten, lassen sie sich als Seismographen der Sehnsüchte nach einer »idealen Familie« begreifen, das heißt als eine spezifische Form der imaginären Familienwirklichkeit, die kaum weniger »real« ist als der Familienalltag.[53] Am bekanntesten unter diesen Texten ist vermutlich Ernst Heimerans *Der Vater und sein erstes Kind*. Diese »fröhliche[n] Betrachtungen und wohlmeinende[n] Ratschläge« erschienen zwar schon 1938, wurden aber erst nach 1945 zu einem Erfolgstitel, der 1958 bereits seine 22. Auflage erlebte. Heimeran widmete sich seit seiner Entlassung als Redakteur im Feuilleton der *Münchner Neuesten Nachrichten* im April 1933 ausschließlich seiner verlegerischen Tätigkeit. In seinem Buch ermunterte er werdende Väter, ihre Frauen bei den Arztbesuchen während der Schwangerschaft zu begleiten, ihnen »bei der Geburt bei[zu]stehen« und bereits bei der Säuglingspflege eine aktive Rolle zu übernehmen.[54] Den

Leserinnen und Lesern der fünfziger Jahre trat hier der Vater als ein tollpatschiges, aber lernfähiges Familienmitglied entgegen, der die Säuglingspflege als Teil seiner Identität begriff: »Das, was der Vater vordem in Gedanken weit von sich gewiesen hatte, nämlich sein Kind zu wickeln, das bereitet ihm jetzt eine tiefe Befriedigung.«[55]

Der Verkaufserfolg fiel in eine Zeit, in der pädiatrische, heilpädagogische und psychiatrische Experten ihre fürsorgliche Aufmerksamkeit zunehmend auch dem Vater angedeihen ließen und »Zärtlichkeit« zum Schlagwort der (populär)wissenschaftlichen Erziehungstheorie wurde. Seit 1952 etwa boten die Bibliotheken der »Amerikahäuser« der interessierten bundesrepublikanischen Öffentlichkeit jeweils mehrere Exemplare von Benjamin Spocks *Dein Kind – dein Glück* an. Wer den amerikanischen Kinderarzt und Bestsellerautor las, erfuhr, man könne »ein zärtlicher Vater [...] und doch zugleich ein ganzer Mann sein«. Spock mahnte, »daß ein enges, freundschaftliches Verhältnis zum Vater für die gesamte geistige und charakterliche Entwicklung des Kindes von entscheidender Bedeutung ist«. Väter sollten daher bereits zum Säugling eine intensive Bindung aufbauen.[56] Dass solche Ratschläge Teil einer transnationalen Zirkulation von Ideen waren, lässt sich am Beispiel von Oscar Louis Forel zeigen. Ausdrücklich berief sich der französische Familienexperte in seinem 1955 erschienenen Ratgeber auf die vom »Gesundheitsdepartment von Springfield, Illinois, USA veröffentlichten ›Briefe an die Eltern‹«. Ähnlich wie Heimeran oder Spock warnte auch Forel Väter davor, »der Mutter [...] das Monopol der Zärtlichkeit« zu überlassen: »Glauben Sie nicht, daß es unter Ihrer Würde ist, Ihrem Kind Zuneigung zu zeigen«. Väter sollten sich darum bemühen, ihrem Kind »ein Freund« zu sein, »wenn es sechs Monate alt ist, sechs Wochen, sechs Tage«. Väter, die glaubten, sich auf die Rolle des Familienernährers beschränken zu können, mahnte Forel,

»Ihrem Kleinen das« zu ersparen, »worunter Sie zu leiden hatten. Wenn Ihr Vater ein unnahbarer Schaffer war [...], wenn Sie warten mußten, bis Sie erwachsen waren, um ihn zu schätzen und zu lieben, so haben Sie das beste Beispiel dafür, wie man es nicht machen sollte.«[57]

Wenige Jahre später fanden solche Vorstellungen auch Eingang in die katholische Ratgeberliteratur. Die Broschüre *Ohne Vater geht es nicht,* die katholische Männer in den Bistümern Münster und Essen 1961 während der Fastenerziehungswoche erhielten, ermahnte diese nicht nur, weniger Zeit bei der Arbeit, in der Kneipe oder im Fußballstadion zu verbringen. Darüber hinaus erhielten die Leser den Rat, bereits die Geburt des Kindes mitzuerleben, um eine »innige Beziehung« zum Kleinkind zu »entwickeln«. Väter sollten zudem auf »abendliche Strafgerichte« verzichten. Wer glaube, mit Strafen und Schlägen erziehen zu können, werde »bald das Vertrauen seines Kindes verlieren«.[58] Kurz darauf, im Mai 1961, lobte *Zwischen Dom und Zechen,* eine Beilage zu der Monatsschrift *Mann in der Zeit,* das Buch *Gute Väter – frohe Kinder* als »eine schöne Sammlung von Skizzen über die Vaterwelt«.[59] Im Mittelpunkt stand eine Fotoreportage über einen »Männer Säuglingspflege-Kurs«, den der Samariterverein Zürich-Hard veranstaltete. Es sei wichtig, kommentierte der Herausgeber, dass die Väter lernten, wie »sie an einem freien Samstag oder Sonntag den Haushalt ohne größere Katastrophen durchbringen« können, »wenn die Frau ihre Besuchspflichten bei den Verwandten erfüllen will«. Viele Abbildungen freilich beeindrucken mehr als gekonnte Inszenierung von bürgerlicher Respektabilität denn als Ikonografie sanfter Väterlichkeit. Manche Fotografien wecken zudem Zweifel, inwieweit selbst fortschrittliche katholische Männer bereit waren, sich im Familienalltag an der Sorge um die Säuglinge zu beteiligen: Zwei der vier Männer etwa, die das Wechseln einer Windel übten, hatten sich einen Mundschutz angelegt (Abbildung 1).[60]

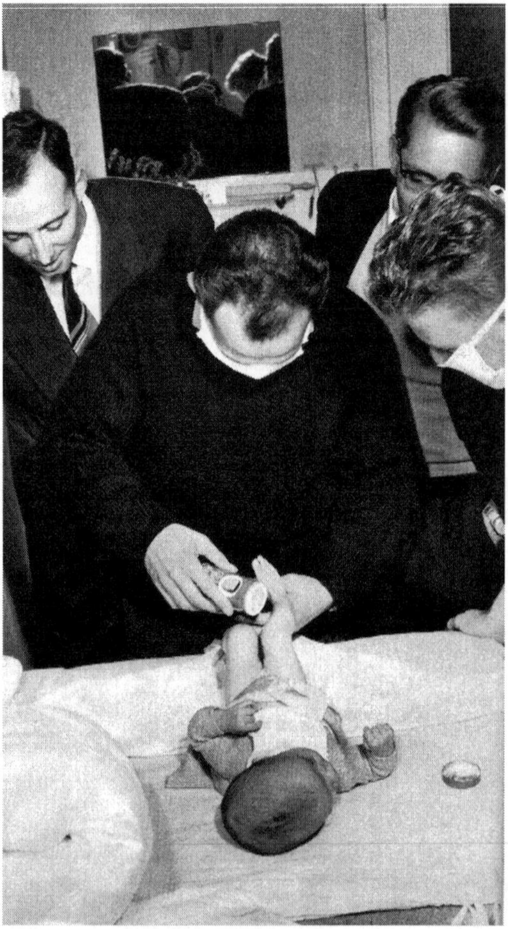

Abbildung 1: Säuglingspflegekurs für Männer (Lukaschek, *Gute Väter – frohe Kinder*, S. 32)

Dass diese Ikonografie sanfter Väterlichkeit im frühen 21. Jahrhundert eher Anlass zum Schmunzeln gibt, darf nicht den Blick darauf verstellen, welch hohe politische Bedeutung Familienexperten in den fünfziger und frühen sechziger Jahren den Bildwirklichkeiten der neuen väterlichen Autorität zuwiesen. Vor allem im damaligen pädagogischen Leitmedium der »Lichtbildreihe« finden sich Hinweise darauf, wie sehr den Autoren daran lag, die politische Botschaft des neuen Vaterbilds festzuschreiben. Wer die von Rudolf Rüberg 1964 für die Erwachsenen- und Jugendbildung sowie den Schulunterricht zusammengestellte Bildserie *Vater – oder Familienfunktionär?* zeigte, griff auf einen Begleittext zurück, mit dem der katholische Familienexperte die Deutung der gut vierzig Dias mit je etwa halbseitigen Erläuterungen zu beeinflussen suchte. Wie viele ging Rüberg davon aus, dass die »Frage nach dem Vater« zu den »brennenden Fragen« der Gegenwart geworden sei. Da das »Vaterbild des Patriarchalismus« überholt, aber kein »neues Vaterbild« in Sicht sei, hoffte er, »Konturen sichtbar« machen zu können, »die vielleicht zu einem solchen Bild gehören«[61].

Die Bilder arrangierte Rüberg thematisch: Auf den Abschnitt »Die abwesenden Väter« folgte das Kapitel »Vater – Außenseiter der Familie«, dann »Kleines Rad im komplizierten Weltgetriebe«, »Keine richtigen Männer mehr?« und der Abschnitt »Angst vor der Verantwortung«. Diese Krisendiagnose kulminierte in der Bildersequenz »Fehlende väterliche Autorität« mit einer Fotografie exerzierender Soldaten als Auftakt, die Rüberg als »Bild 28: (Kasernenhofdrill)« identifizierte. Zwanzig Jahre nach der Apokalypse eines katastrophischen Militarismus diente diese Inszenierung soldatischer Männlichkeit laut Rübergs Begleittext als Warnung, dass man Autorität »keineswegs« mit dem »Recht des Stärkeren oder einer Befehlsgewalt« verwechseln dürfe, »die den ihr unterworfenen Menschen zu allen, auch zu entwürdigenden Handlungen zwingen kann«. Dieser Hinweis sei umso dringlicher, als in der jüngeren Vergangenheit »viele Menschen mit einer mißbrauchten, also einer falschen Autorität böse Erfahrungen gemacht« hätten (Abbildung 2).

Abbildung 2: Kasernenhofdrill
(Rüberg, *Vater – oder Familienfunktionär?* Bild Nr. 28)

Das buchstäbliche Gegenbild zum »Kasernenhofdrill« stand im Mittelpunkt der nächsten Bildersequenz »Wiedergeburt des Vaters?«, in der Rüberg Wege aus der Krise der väterlichen Autorität weisen wollte. Mit »Bild 37: (Vater mit Kinderwagen)« erfährt die Lichtbildreihe ihre entscheidende Wende, die Rüberg unter Rückgriff auf die Semantik der demokratischen Vaterschaft im Begleitheft kommentierte (Abbildung 3): »Wer ganz genau und lange genug hinsieht, entdeckt etwas Neues an den Vätern, vornehmlich an den jungen Vätern – einen Zug, der nicht besser sein könnte, mag er sich auch noch spärlich zeigen. Früher galt einmal die Regel, dass der Vater zwar seine Kinder lieben solle, es ihnen aber keineswegs zeigen dürfe. Da scheint etwas anders zu werden. Man entdeckt es vor allem sonntags vormittags: Väter, die mit ihren Kindern in einen Park, in den Tiergarten, auf einen Spielplatz gehen. Vielleicht sind sie etwas unbeholfen, aber sie scheuen sich nicht, den Kleinen notfalls die Nase zu putzen, sie nach einem Sturz zu trösten und mit ihnen auf dem kleinen Karussell zu

Abbildung 3: Vater mit Kinderwagen
(Rüberg, *Vater – oder Familienfunktionär?* Bild Nr. 37)

fahren. Manchmal sieht man sie sogar einen Sportwagen oder gar die große, hochrädrige ›Prinzenkalesche mit Paradekissen‹ – ohne mannesrückende Deckung der Mütter – durch die Anlagen schieben. // Da tut sich etwas! [...] Damit gewinnt das Verhältnis des Vaters zu seinen Kindern neue Grundlagen: Liebe und Vertrauen statt bloßer Macht und Furcht. Das aber, die Liebe des Vaters und das Vertrauen des Kindes, sind Grundvoraussetzungen für die Erziehung. Und eben das wurde als Kern eines neuen Autoritätsverständnisses bezeichnet.«

Einige Familienexperten stellten ausdrücklich einen Zusammenhang zwischen einer aktiven Rolle des Vaters bei der Säuglingspflege und Kindererziehung und der Demokratisierung der Gesellschaft her. In der Zeitschrift *Ruf ins Volk. Monatsschrift für Volksgesundung und Jugendschutz* warb Walter Becker 1963 dafür, den Vater in die Sorge um die Säuglinge und Kleinkinder stärker einzubeziehen. »Es wäre früher unvorstellbar gewesen«, so der Experte für Jugendfürsorge, »daß Väter an Säuglingskursen teilnahmen. Immer mehr sieht man aber, daß junge Väter, die einmal ihre Frau vertreten mußten, für solche Kurse Interesse haben.« Statt den Gesichtspunkt eines »kämpferischen Führertums« zu betonen, messe man dem Vater eine neue Rolle zu, in der er – ähnlich wie die Mutter – »beim Kleinkind Gefühle der Geborgenheit, der Sicherheit und Wärme« erwecke. Mit dieser neuen Zärtlichkeit der Väter gehe ein neues Verständnis von Autorität einher. An die Stelle des »autoritäre[n] Prinzip[s] der Großvaterzeit, gekennzeichnet durch die Anrede ›Herr Vater‹«, argumentierte Becker, sei ein »demokratischere[s] Ordnungsprinzip« getreten, bei dem »der Gedanke der familiären Gemeinschaft und Partnerschaft [...] im Vordergrund« stehe. Die väterliche Autorität, schloss Becker, habe »nichts mit Macht und Gewalt zu tun« und stütze sich daher nicht mehr auf »das Befehlen-Gehorchen«, sondern auf »das tief gegründete Vertrauen des Kindes zur Autoritätsperson«. In Zeiten dieser familienzentrierten Männlichkeit fände es daher »niemand mehr komisch oder unwürdig, wenn der Vater den Kinderwagen schiebt, für die Kinder oder mit ihnen einkauft, am Wochenende die Kinder auf den Spielplatz begleitet, sich für Kinderernährung interessiert«.[62]

Die Vorstellung, dass eine demokratische Gesellschaft auch ein neues Verständnis der väterlichen Autorität erfordere, fand in der Urteilsbegründung des Bundesverfassungsgerichts ein – wenn auch, wie es der Textgattung angemessen ist – leises Echo. »In dem durch Beseitigung des Letztentscheidungsrechts des Mannes frei gewordenen Raum«, führten die Richter aus, sollten »die Ehegatten und Eltern gemeinsam in *gleicher* Freiheit und Verantwortung das Schicksal der Familie, insbesondere die Erziehung der Kinder gestalten«. Gegen jene, die argumentierten, der Artikel 6 des Grundgesetzes beziehe sich allein auf die »christlich-abendländische«, sprich: patriarchalische, Ehe und Familie, betonten Erna Scheffler und ihre Kollegen, dass es die Verfassung offenlasse, »wie die Entscheidung in der Familie sich bilde. Dies entspricht auch allein der einem weltanschaulich nicht einheitlichen Staat wie der Bundesrepublik gestellten« Aufgabe, »das Recht so zu normieren, daß es den Bürgern die Freiheit läßt, bei der Gestaltung des Ehe- und Familienlebens ihren religiösen und weltanschaulichen Verpflichtungen [...] nachzuleben«. In diesen Prozess der »Willensbildung«, der von »Familie zu Familie« verschieden sei, dürfe der Gesetzgeber nicht eingreifen, indem er vorschreibe, dass im Konfliktfall der Vater das letzte Wort habe.[63]

Deutlicher formulierte im Juli 1959 Helmut Ridder als Vertreter der vier Frauen, welche die Verfassungsbeschwerde eingereicht hatten, die epochale Bedeutung der Entscheidung für die politische Kultur der frühen Bundesrepublik. In seinem Plädoyer vor dem Verfassungsgericht räumte er ein, dass »die Sache, um die es hier konkret geht, praktisch gar nicht so ungeheuer wichtig ist«. Die Frage des »Gebieten und Sich-Fügens« werde in den meisten Ehen »auch in Zukunft nicht gestellt werden«. »Wenn wir in einem Zustand romantischer Verschweizerung lebten«, seien »die Schildbürgerstreiche des Gesetzgebers« nicht der Rede wert. Umso deutlicher aber warnte Ridder vor der »mit ihrer Methodik ansteckenden Perversion« des Verfassungsrechts. Falls der »gegenwärtige Versuch einer freiheitlichen Verfassung« scheitere, könne nach den Erfahrungen »der jüngsten deutschen Geschichte nur noch eine unfreiheitliche nachrücken«. »Die Treue zur Verfassung, die innere Verfassungsloyalität«, schloss der Gießener Professor für Öffentliches Recht, sei

»daher das erste der politischen Gebote der Stunde«.[64] Seine Gegner, die glaubten, das Leitbild des christlichen Abendlandes verlange die patriarchalische Familie, belehrte Ridder darüber, dass dem Kanonischen Recht die Rechtsfigur des väterlichen Stichentscheids fremd sei. Der Blick auf Schweden, wo das Prinzip der christlichen Staatskirche gelte, zeige, dass eine emanzipatorische Geschlechterpolitik durchaus mit der »›christlich-abendländischen‹ Tradition« zu vereinbaren sei. Nur noch Spott kannte er für jene »Deutschen, die sich aufgrund einer Reihe von eigentümlichen nationalen Charaktermerkmalen früher als die Ordnungsmacht des christlichen Universums oder als die Hüter des Rechts der Welt, später als das ›Reich‹ in der völkerrechtlichen Grossraumordnung usw. empfunden haben und nun teilweise der fixen Ideen verfallen sind, *die* Retter des christlichen Abendlandes zu sein«.[65] Ausdrücklich berief sich Ridder dagegen auf katholische Familienexperten, die wie der Redemptorist Bernhard Häring davor gewarnt hatten, »›die (paulinische) Forderung – Ihr Frauen gehorcht Euren Männer! – zum Anlaß einer die Frau benachteiligenden bürgerlichen Gesetzgebung zu machen‹«. Im Streit um den Stichentscheid gehe es »›eigentlich [...] um Gerechtigkeit und Billigkeit für die benachteiligte Partnerin in der scheiternden oder gescheiterten Ehe‹«.[66]

Vor allem in der öffentlichen Reaktion auf das Karlsruher Urteil zeigte sich, wie sehr die Debatte über die väterliche Erziehungsgewalt vom Bedürfnis getragen war, das Verhältnis von Autorität und Demokratie neu zu bestimmen. Der Leitartikel der *Deutschen Zeitung mit Wirtschaftszeitung* sprach erleichtert davon, dass die Karlsruher Richter die »perfektionistische Vorstellung« als »irrig« und verfassungswidrig verworfen hätten; »wie beim Militär« müsse es »auch in der Ehe einen Höchstkommandierenden geben«. Die Forderung des Frankfurter Familienrechtlers Wolfram Müller-Freienfels, an die Stelle des »autoritativen« solle der »integrative« Vater treten, griff der Kommentar der *Frankfurter Allgemeinen Zeitung* auf.

Zwar sei es sinnvoller, vom »›integrierten‹ Vater [...] oder von integrierten Ehepartnern« zu sprechen, aber es sei gewiss ein Gewinn, wenn Männer und Frauen nun »ohne ausdrücklich juristisch festgestellte Herrschaftsansprüche miteinander übereinkommen müssen«.[67] In einen noch größeren historischen Zusammenhang stellte die *Bild*-Zeitung das Karlsruher Urteil: »Bis in das vorige Jahrhundert hinein sagte man noch ›Herr Vater‹ und ›Sie‹,« dozierte der Chefredakteur der Zeitung, Hans Zehrer, in seinem Kommentar: »Das war, als der Familienvater im Kreise seiner Lieben noch die gleiche Autorität besaß wie der Landesvater im Bereich seiner Untertanen. Das 20. Jahrhundert hat die Autorität des Landesvaters beseitigt und die Demokratie an seine Stelle gesetzt«. Infolge des Karlsruher Urteils habe die eigene Gegenwart nun auch die Herrschaft des »Familienvaters« beendet.[68]

Auch die juristische Fachliteratur betonte den engen Zusammenhang zwischen neuen Formen der väterlichen Autorität und der Suche nach Demokratie in der frühen Bundesrepublik. So betonte Hans Dölle, Direktor des Hamburger Max-Planck-Instituts für Ausländisches und Internationales Privatrecht, 1964 mit Blick auf das Urteil, das Ende eines patriarchalischen Verständnisses der Vaterschaft gründe vor allem in der »geistig-politischen Strömung«, in der die Gleichberechtigung der Frau und Mutter als Teil »der allgemeinen Demokratisierung der Gesellschaft« gelte. Die Ablösung der patriarchalischen durch die partnerschaftliche Familie finde seine Analogie »im Verhältnis der Eltern zu ihren Kindern: die äußere Autorität der Eltern, insonderheit des Vaters, schwindet, die Individualität der Kinder wird betont, frühzeitig treffen sie selbständig ihre Entscheidungen«.[69] Erna Scheffler selbst verstand 1960 das Ende der väterlichen Gewalt ebenfalls als Ausdruck der »geistigen Strömungen« in der frühen Bundesrepublik. In ihrem Beitrag über »Ehe und Familie« für den damals maßgeblichen Grundrechtskommentar wies sie darauf hin, dass »das Abendland unserer Zeit von der Persönlichkeit und ihrer Würde« ausgehe, die in den »Ideen von Freiheit und Gleichheit ihren allgemeinen Ausdruck« fänden. Wie der Soziologe René König glaubte Scheffler, dass die Spannung zwischen »Abhängigkeit und Selbständigkeit« durch »Verständigung und Zusammenwirken in gemeinsamer Bindung an gemeinsame Ziele und Zwecke« aufzulösen sei. Die Suche nach einer neuen Familienordnung stehe daher in einem engen Zusammenhang mit der Idee der »sozialen Demokratie«, die, wie Scheffler im Anschluss an Adolf Arndt – den »sozialdemokratischen Kronjuristen« (Wilhelm Hennis) – betonte, nicht als »bloß ›wertfreie Spielregel‹, sondern als ›universales Partnerschaftsprinzip‹« zu begreifen sei, das »›alle Lebensbereiche‹« umfasse.[70] »Das Ringen um eine neue Ordnung der Familie«, schloss die Bundesverfassungsrichterin, erscheine so »als Teil des Ringens um Überwindung des ›sozialen Krankheitszustandes von Herrschaftlichkeit und Unfreiheit‹, der ›cupido dominandi‹ durch das ›Credo humaner Gegenseitigkeit‹«.[71]

Autorität in der liberalen Republik

Zum Fürsprecher eines neuen Verständnisses von Autorität, das nicht mehr auf einem Automatismus von Befehl und Gehorsam basiere, machte sich wenige Monate nach dem Urteil des Bundesverfassungsgerichts auch Dolf Sternberger. Der einflussreiche Philosoph und Publizist, der mehr als jeder andere Intellektuelle in der frühen Bundesrepublik der Idee der bürgerlichen Gesellschaft neues Leben einhauchte, stellte in seinem Vortrag »Autorität, Freiheit und Befehlsgewalt« den Trugschluss infrage, dass Autorität an sich »eine *konservative* Vorstellung« sei. Diese Überzeugung beruhe auf einem Missverständnis, und so lange dieses »nicht aufgeklärt« sei, »wird uns die liberale Republik nicht zum Vaterlande werden«.[72] Unter Verweis auf Hannah Arendt und Carl J. Friedrich argumentierte Sternberger, Autorität dürfe nicht mit »Befehlsgewalt« verwechselt werden, sie sei »nicht einmal notwendig mit Entscheidungsbefugnis verknüpft«. Im Gegensatz zu diesem Herrschaftsverhältnis wirke Autorität »nicht durch Zwang«, sondern werde »freiwillig angenommen und eingeräumt«.[73]

Aus Sternbergers Sicht war ein solches Verständnis von Autorität zugleich die Voraussetzung für die Existenz der Bundesrepublik als demokratisches und liberales Gemeinwesen und verhielt sich komplementär zur Idee der Freiheit. Diese brauche »Autorität, nämlich die Autorität allderjenigen Einrichtungen und Kräfte, welche die Demokratie gewährleisten«, vor allem die Autorität der »freiheitlichen Staatsverfassung«. Umgekehrt gelte aber auch, dass Autorität Freiheit voraussetze, nämlich »die Freiheit derer, die sie aus freien Stücken anerkennen –, da sie sonst dem Verderb anheimfällt, zur Zwangsordnung und Gewaltherrschaft entartet«. Vor diesem Hintergrund kann es kaum überraschen, dass Sternberger die Entscheidung des Bundesverfassungsgerichts begrüßte. Das Urteil habe zwar den »Sturz der väterlichen Autorität in der Familienordnung« vollendet. Doch habe das Gericht damit nicht die Möglichkeit der Autorität als solcher verworfen. Vielmehr lege das Urteil »einen Weg zu neuer Autorität frei«, eine Autorität, »die vielleicht schwerer zu erringen sein mag als die überlieferte, die aber doch gefordert ist und sich auch bilden« könne.[74]

Es griffe zu kurz, die Debatte über die Krise väterlicher Autorität, auf die sich Sternberger hier bezog, allein als Ausdruck der Sorge über eine in Bewegung geratene Ordnung der Geschlechter zu deuten. Die Sehnsucht nach neuen Formen der Vaterschaft bildet einen besonders aufschlussreichen Aspekt der westdeutschen Suche nach Demokratie in den fünfziger und den frühen sechziger Jahren. Das Leitbild der »demokratischen Familie« gehört in jenen Zusammenhang, den man mit Kaspar Maase als den Aufstieg der »kulturellen Demokratie« begreifen könnte. Zu denken ist hier auch an ähnliche Phänomene: Die Wertschätzung des Gesprächs als »demokratischer Kulturtechnik« wuchs, die Haltung gegenüber der vor- und außerehelichen Sexualität und die Einstellung gegenüber berufstätigen und alleinerziehenden Müttern liberalisierten sich. Der Traum der neuen Väterlichkeit war ebenfalls Teil einer Vision einer egalitäreren Geschlechterordnung, in der Frauen und Männer Familie und Beruf miteinander vereinbaren können sollten.[75]

Doch war die Rede von der demokratischen Vaterschaft mehr. Die junge Bundesrepublik verhandelte dabei im Grunde, wie das Verhältnis von Autorität und Demokratie zu bestimmen sei. Aus der hohlen Phrase der »Demokratie«, die wie Julius Posener geklagt hatte, dazu diente, die moralischen Abgründe der unmittelbaren Nachkriegsjahre zu verdecken, wurde in den fünfziger Jahren ein mit Inhalt und Leben gefüllter Leitbegriff der politischen Sprache. Die Suche nach neuen Formen der väterlichen Autorität trug entscheidend dazu bei, dass die Bundesbürger sich intellektuell wie emotional vom Nationalsozialismus und Militarismus und dem damit verbundenen Männlichkeitsideal verabschiedeten, dass sie den Weg in eine demokratische Gesellschaft fanden und es ihnen gelang, sich in ihrer »liberalen Republik« einzurichten, um noch einmal mit Sternberger zu sprechen. Ob Erna Scheffler seine Zeilen zur Kenntnis genommen hat, wissen wir nicht. Sie hätte seinen Text sicherlich mit dem gleichen Lächeln gelesen, mit dem sie am 29. Juli 1959 das Urteil des Bundesverfassungsgerichts über den väterlichen Stichentscheid verkündet hat.

Kapitel IV

Eine Welt ohne Familie: Über Kinderläden und andere demokratische Heilsversprechen

Nicht nur in der historischen Forschung werden die sechziger Jahre meist scharf von den fünfziger Jahren geschieden. Aus konservativer Sicht gilt die Adenauer-Ära als heile Welt der geordneten Moral- und Geschlechterverhältnisse. Deren »Mittelpunkt« bildeten, so der damalige Bundesverfassungsrichter Udo di Fabio, »eine harmonische Familie, Kinder und beruflicher Erfolg, soziale Anerkennung und privates Glück«.[1] Dagegen betonen linke und linksliberale Beobachter, dass die fünfziger Jahre noch im Zeichen des Wilhelminischen Obrigkeitsstaates gestanden hätten, was vor allem die restaurativ-patriarchalische Familienpolitik belege.[2] Gemeinsam ist beiden Deutungen die Vorstellung, dass diese heile Welt beziehungsweise der Obrigkeitsstaat im Jahr 1968 ans Ende gelangt sei: entweder aufgrund einer Krise liberaler Bürgerlichkeit oder im Zuge eines demokratischen Aufbruchs.[3]

So plausibel diese These einer »zweiten Gründung« der Bundesrepublik in den späten sechziger und frühen siebziger Jahren sein mag, soll hier eine andere Deutung entfaltet werden. Als Ausgangspunkt dient die These, dass die Geschichte der Bundesrepublik von 1949 bis weit in die neunziger Jahre hinein nicht nur die Geschichte einer Demokratie war, sondern die Geschichte einer Demokratie im Schatten von Völkermord und Vernichtungskrieg. Die Renaissance einer demokratischen Ordnung und die Durchsetzung der Demokratie als Lebensform galten in den Nachkriegsdekaden lange als fraglich. Vielen Bürgerinnen und Bürgern stand vor Augen, wie sehr die frühe Bundesrepublik – um eine Wendung Karl Markus Michels aus dem Februar 1966 aufzugreifen – eine »junge und unbeholfene Demokratie« war, die sich auf »den Trümmern des Staates von Hitler, Eichmann, [und] Globke« einzurichten hatte.[4]

Rücken die Dekade des motorisierten Biedermeier und die Umbruchperiode der sechziger und frühen siebziger Jahre näher zusammen, treten neben den Unterschieden auch die Kontinuitäten hervor. Das gilt besonders, wenn man danach fragt, welchen Zusammenhang die Zeitgenossen zwischen dem Privaten und dem Politischen zu erkennen glaubten. Ein Konsens herrschte in beiden Phasen darüber, welche Bedeutung Fragen der Säuglingspflege sowie der Erziehung von Kindern und Jugendlichen für den erfolgreichen Auf- und Umbau der westdeutschen Demokratie zukam. Dabei ging es nicht allein um das seit der Amerikanischen und der Französischen Revolution vertraute Problem, wie es möglich sei, den mündigen Staatsbürger zu schaffen, also welcher Erziehungsstil der demokratischen Ordnung angemessen sei.[5]

Die Leidenschaft, mit der in beiden Dekaden über eine zeitgemäße Erziehung gestritten wurde, verweist darauf, dass in Diskussionen über demokratische Erziehung vor allem die Frage verhandelt wurde, ob eine, und wenn ja welche, Vorstellung der Autorität mit der Idee der Demokratie vereinbar sei. Hatte sich Autorität um 1950 noch an einem Modell von Befehl und Gehorsam orientiert und durch den Verweis auf Tradition legitimiert, betonten seit Mitte der fünfziger Jahre immer mehr Zeitgenossen, dass eine demokratische Gesellschaft eine neue Auffassung von Autorität voraussetze, die sich in einem Vertrauensverhältnis zwischen sozial Gleichen legitimiere. Das *Evangelische Soziallexikon* hob 1963 hervor, dass »Autorität [...] von dem Vertrauen« lebt,

»das ihr entgegengebracht werden kann.« Dieses Vertrauen setze die »kritische Wachsamkeit« voraus, auf die »echte Autorität angewiesen« sei. Autorität sei mit dem »Gedanken der Partnerschaft« kompatibel, weil diese die »Voraussetzung jeder Autorität, nicht etwa nur deren (dialektische) Ergänzung« ist. Partnerschaft gründe in der »Gleichheit« und »Mündigkeit der Partner«. Mit dem Ideal einer »patriarchalisch-autoritären Ordnung« sei sie daher unvereinbar.[6]

Ein Verständnis von Autorität, das dem demokratischen Ideal der Gleichheit angemessen ist, was heute selbstverständlich klingt, bedeutete einen Bruch mit Definitionen aus der unmittelbaren Nachkriegszeit. Aus ihr weht einen der kalte Atem des Obrigkeitsstaates an, infolgedessen der körperlichen Gewalt gerade bei kleinen Kindern das Wort geredet wird. Laut Kröners *Wörterbuch der Pädagogik* von 1953 ist »Autorität [...] als unentbehrlicher Grundsatz der Erziehung und Menschenführung von umso größerem Wert, [...] je weniger sie äußerer Machtmittel bedarf. In der Wirklichkeit geht es jedoch ohne wirksame Unterstützung der Autorität durch äußere Symbole und Zwangsmittel [...] häufig nicht ab. Besonders in der Erziehung kleinerer Kinder können äußere Hilfsmittel vollends nicht entbehrt werden.«[7]

Die Suche nach Formen der Autorität, die auf Vertrauen gründeten, berührten das Spannungsverhältnis zwischen der hierarchischen Idee der Autorität und dem demokratischen Ideal der Gleichheit. Die Frage, wie diese Spannung auszuhalten oder gar aufzulösen sei, stand im Zentrum aller Debatten über die Rolle der Erziehung in der Demokratie in den fünfziger wie in den späten sechziger und den frühen siebziger Jahren. Was diese Dekaden miteinander verband, war die Überzeugung, dass die Suche nach einer demokratischen Ordnung nur gelingen könne, wenn eine bessere Form der Erziehung und des Zusammenlebens der Geschlechter gefunden werde.[8]

Ingrid Gilcher-Holtey hat argumentiert, dass die Neue Linke sich 1968 vom »Obrigkeitsstaat« Adenauers verabschiedet habe, nachdem sie erkannt hätte, dass die »Befreiung von einer als noch nachlebend wahrgenommenen Vergangenheit« die »Veränderung der Verhaltens- und Handlungsdispositionen des Individuums und der Institutionenstruktur der Gesellschaft« voraussetze.[9]

Dieser Deutung entgeht jedoch, dass solche Argumente bereits in den fünfziger Jahren gängige Münze waren. Adolf Schüle etwa betonte 1952, eine Demokratie »ist nur möglich, wenn sich die Menschen [...] auch in ihren privaten Beziehungen demokratisch verhalten«. Die Demokratie sei nicht nur eine Regierungsform, sondern auch eine Frage »der persönlichen Lebensführung«.[10] Ähnlich argumentierte im Jahr 1970 Carlo Schmid. Der Vizepräsident des Bundestages verstand die Demokratie als »die Chance, den Staat zu vermenschlichen«. Sie setze eine ihr angemessene Gesellschaft voraus. »Wenn ich mir selber vereinfachend vorstellen will, was Demokratie eigentlich ist, so finde ich darin in erster Linie ein Ja zur Mitmenschlichkeit«. Das gelte vor allem in der Kommune. Die Stadt »ist etwas Mütterliches, im Gegensatz zum Vater Staat. Sie hegt viel mehr, als daß sie anordnet. Sie ist der Ort des Miteinander-Gehens und nicht des In-Reih-und Glied-Stehens.«[11]

Von den fünfziger bis in die siebziger Jahre hinein blieb für diese zwei Demokratietheoretiker und viele andere in ansonsten verfeindeten politischen und kulturellen Milieus die Prämisse dieselbe: Der eigentliche Grund des Politischen sei der private Raum, nicht die Feindschaft, die Konkurrenz, der Frieden oder das gemeine Wohl. Diese Überzeugung gilt es ernst zu nehmen, wenn man verstehen will, wie die Westdeutschen nach der Gewalterfahrung der dreißiger und vierziger Jahre begannen, nach einer demokratischen Ordnung zu suchen und dabei tradierte Familien- und Männlichkeitsideale infrage zogen. So wird auch verständlich, warum die Abkehr vom Patriarchat und die von Schmid beschworene Suche nach einer »mütterlichen« Politik für den politischen Neuanfang nach dem Vernichtungskrieg eine so große Bedeutung besaß. Theodor Heuss etwa erinnerte die Deutschen 1946 daran, wie sehr sich selbst »Piefke aus Moabit« bis vor Kurzem noch als »Herrenmensch und Held« habe fühlen können. Die Nationalsozialisten hatten kein Gespür dafür, »daß auch das Sanfte Stärke und Größe sein kann«. Gemeinsam war solchen Argumenten die Vorstellung, dass überkommene Ideale der Männlichkeit und der Vaterschaft mit dem apokalyptischen Ende des Nationalsozialismus erloschen waren. Der Weg in die Demokratie sei nur gangbar, wenn sich die Nachkriegsdeutschen einen neuen Politikstil aneigneten, den der erste Bundespräsident als weiblich oder mütterlich begriff.[12] Entscheidend dabei ist, dass sich seit den fünfziger Jahren nicht nur sozialdemokratische und linksliberale Fürsprecher der »vaterlosen Gesellschaft« gegen eine patriarchalische Geschlechterordnung aussprachen. Kritik am Patriarchat kam jetzt auch in kirchennahen Kreisen auf, die sich in der Weimarer Republik für die patriarchalische Familie ausgesprochen hatten.[13]

Erst vor dem Hintergrund dieser Gemeinsamkeiten der fünfziger und der sechziger Jahre wird deutlich, worin die Zäsur von Achtundsechzig bestand. Bis weit in die sechziger Jahre hinein dominierte die Vorstellung, die Idee der Autorität widerspreche nicht notwendigerweise den Ideen der Demokratie, der Gleichheit und der Freiheit. Einig war man sich, dass eine demokratische Auffassung der Autorität wünschenswert und auch möglich sei, sofern diese nicht auf dem Prinzip von Befehl und Gehorsam, sondern auf der Idee des Vertrauens und der freiwilligen Zustimmung gründe.[14] Im Zuge der antiautoritären Bewegung setzte sich dagegen die Vorstellung durch, der Gegensatz zwischen Autorität und Demokratie könne nur überwunden werden, wenn man das Spannungsverhältnis ganz zu Lasten der Idee der Autorität auflöse. Nun dominierte die Ansicht, dass eine genuin demokratische Erziehung den Kampf gegen jede Form der Autorität voraussetze und eine demokratische Ordnung allein in einer antiautoritären Gesellschaft möglich sei. Zum Gegenbild avancierte die »autoritäre Charakterstruktur«, welche die Deutschen nicht nur während des Nationalsozialismus geprägt habe, sondern bis in die Gegenwart in ihrem Bann halte.

Eng damit verbunden war der zweite Gesichtspunkt, unter dem Achtundsechzig eine ebenso tiefe wie kurzlebige Zäsur darstellte, nämlich die Frage, welche Rolle der Familie in diesem Zusammenhang zukomme. Bis Mitte der sechziger Jahre galt sie als ein zentraler Ort, an dem Väter und Mütter, Töchter und Söhne eine demokratische Lebensform einüben sollten.[15] Der Weg aus dem Nationalsozialismus in die Demokratie führe, mit anderen Worten, über die Familie. Das Heilsversprechen der »demokratischen Familie«, um an ein Schlagwort der fünfziger Jahre zu erinnern, geriet seit Achtundsechzig in die Kritik. Jetzt mehrten sich die Stimmen derer, die in ihr nicht mehr einen Ort des demokratischen Lernens sahen, sondern einen Hort der Repression und ein Hindernis auf der Suche nach einer demokratischen Ordnung. Galt die Familie als das entscheidende Problem und als »Keimzelle« der autoritären Charakterstruktur, stand die Frage im Raum, was an ihre Stelle treten solle. Erst vor diesem Hintergrund wird die psychische und politische Leidenschaft verständlich, mit der die Achtundsechziger nach neuen Formen und Institutionen der Erziehung jenseits der Familie suchten, seien es Kinderläden oder sozialistische Kinderkollektive, Kommunen oder Wohngemeinschaften. Es lohnt sich daher, die Erlösungshoffnungen einer Welt jenseits der Autorität und jenseits der Familie genauer in den Blick zu nehmen.[16]

Von der »demokratischen Familie« zum antiautoritären Kinderladen

So vielstimmig die Kritik an der Familie auch war, herrschte doch Einigkeit darüber, dass in ihr die Wurzel für viele politische, soziale und kulturelle Missstände lag. Hatte die Familie in den fünfziger Jahren als Symbol der Hoffnung auf dem Weg in die Demokratie gegolten, sprach man seit den späten sechziger Jahren bestenfalls vom »Patient Familie«, um an Horst-Eberhard Richters Bestseller zu erinnern, schlimmstenfalls sah man in ihr die Quelle aller Zwangs- und Gewaltherrschaft.[17] Die Mitarbeiterin des von Alexander Mitscherlich geleiteten Frankfurter Sigmund-Freud-Instituts, Heide Berndt, warnte 1969 zwar vor dem Irrglauben, dass mit der »Abschaffung der Familie [...] ein wichtiger Schritt zur Befreiung der Menschheit getan« sei. Wie viele andere verstand jedoch auch sie die Familie als jene »›psychologische Agentur‹ der Gesellschaft, die die individuellen Neurosen produziert und damit am Fortbestand gesellschaftlicher Unvernunft wesentlichen Anteil hat«.[18] Die Rede von der Partnerschaft zwischen Mann und Frau, die für das Leitbild der »demokratischen Familie« in der Ära Adenauer konstitutiv gewesen war, galt als fragwürdig. Solche »neuen Ideologien«, betonte die Münsteraner Soziologin Katrin Schrader-Klebert in derselben Ausgabe der Zeitschrift *Kursbuch*, seien »keine Negationen der patriarchalischen Gewalt, sondern ihre völlige Verinnerlichung«. Als ausweglos erscheine daher der »Zirkel der Gewalt, den Ehe und Familie im Rahmen unserer autoritären Gesellschaft darstellen«.[19]

Die Schlagwörter popularisierte der Prophet der Revolution Rudi Dutschke. »Die Psychoanalyse als die Lehre von den Konsequenzen des Triebverzichts«, räsonierte er in seinen in der Reihe rororo-aktuell publizierten Reflexionen über die »Widersprüche des Spätkapitalismus«, habe die Familie als »Ort der Auseinandersetzung mit dem Vertreter der Herrschaft, mit dem Vater als dem Repräsentanten des in der Gesellschaft herrschenden Leistungsprinzips« entlarvt. Längst habe der Antikommunismus den Antisemitismus als herrschende Ideologie abgelöst. Der »heutige Faschismus« in der Bundesrepublik wie in anderen »spätkapitalistischen« Ländern manifestiere sich nicht mehr in »einer Partei oder einer Person«. Vielmehr begründe er sich »in der täglichen Ausbildung des Menschen zu autoritären Persönlichkeiten, er liegt in der Erziehung«.[20]

Im Umfeld der Kommunen und der Kinderläden zirkulierten ähnliche Thesen über die fatale Rolle der Familie. Dass diese zuallererst ein Ort der Repression sei, der die demokratische Ordnung auszuhöhlen drohe, war in zeitgenössischen Selbstverständigungstexten gängige Münze. Laut dem 1969 erschienenen Manifest der Kommune 2 über die »Revolutionierung des bürgerlichen Individuums« könne die »bestehende Familienstruktur« nur »unter äußerstem Druck auf ihre Mitglieder aufrechterhalten werden«. »›Normale‹ Eltern« seien »liebesunfähige Eltern«. Wären Frauen und Kinder nicht »materiell und psychisch« von den Vätern abhängig, hätte sich die »völlige Verrottung« der Familie längst in explodierenden Scheidungsraten niedergeschlagen. Unabhängig vom »guten Willen oder der Erziehungsmethoden der Eltern« wüchsen angesichts dieses Elends in der »durchschnittlichen Kleinfamilie« ausschließlich Kinder heran, die auf »infantile Bedürfnisse und irrationale Autoritäten fixiert« seien. Nur der »radikale Bruch mit der überkommenen Dreiecksstruktur der Familie«, schlossen die Vordenker der Kommune 2, könne zu »kollektiven Lebensformen führen, in denen die Individuen fähig werden, neue Bedürfnisse und Phantasie zu entwickeln, deren Ziel die Schaffung des neuen Menschen in einer revolutionierten Gesellschaft ist«.[21]

In dem 1972 als rororo-sachbuch publizierten Sammelband über Wohngruppen, Kommunen und Großfamilien als »Gegenmodelle zur Kleinfamilie« warf Helmut Kentler der Familie vor, die »gesellschaftlichen Herrschaftsverhältnisse durch schicht- und geschlechtsspezifische Placierung« der Kinder zu stabilisieren. Da die Familie »autoritätsgewohnte Untertanen« erziehe und die Frau unterdrücke, konstatierte der Psychologe und spätere Professor für Sozialpädagogik ihre »konstitutionelle Unfähigkeit [...], sich in eine Institution demokratischer Gesellschaften zu transformieren«. In einer Gesellschaft, die »zur Realisierung der Demokratie das gleiche Recht aller Bürger, gesellschaftliche Macht auszuüben und zu kontrollieren, anerkennen muß, wirkt sich die familiale Sozialisation dysfunktional aus«, da sie »unfähig« sei, »das bestehende Machtgefälle zwischen den Geschlechtern abzubauen und allen Mitgliedern der Gesellschaft gleiche Startchancen für ihren Lebensweg zu vermitteln«.[22]

Dass dieser radikaldemokratische Kampf gegen die Familie auch durch den Magen ging, lag nahe. Laut *Schlaraffenland nimms in die Hand*, Peter Fischers Kochbuch für »politische Kollektive, Studiengruppen, Wohngemeinschaften etc.« aus dem Jahre 1975 diene die »Bekochung in der Kleinfamilie [...] zur Aufzucht von gesellschaftsfähigen Individuen«. Es spräche »keineswegs für die Kleinfamilie, wenn das in dieser Situation hergestellte Essen den Betroffenen auch noch schmeckt. Da ist orale Bestechung im Spiel: [...] Einigen wir uns darauf, daß diese eine besondere Funktion der herrschenden Zerstörung ist.« Die »Zubereitung des Essens«, schloss Fischer, sei »eine zu wichtige Angelegenheit, als daß man sie kampflos der Idiotie des Kleinfamilien-›Lebens‹ überlassen« dürfe.[23]

Das Berliner Autorenkollektiv Lankwitz, das dem Kinderladen in der Reihe rororo-aktuell einen Band widmete, stellte solche Experimente in einen größeren historischen Zusammenhang. »Demokratie und Diktatur« seien nur verschiedene Begriffe »für ein und dieselbe Sache«. Das Ideal der bürgerlichen Demokratie, das sich »an den Idealen der französischen Revolution, ›Freiheit, Gleichheit, Brüderlichkeit‹«, orientiere, unterdrücke »zunächst nicht mit

Zwang, sondern mit der sublimeren Form der ›erzieherischen Führung‹«. Das Instrument dieser Führung sei die »bürgerliche Familie«. Aufgrund des »Konflikts zwischen Entleerungsdrang und Beherrschenmüssen« erzeuge diese beim Kind zunächst eine »diffuse Angst« und wandle sie dann in eine »Furcht« vor jeder »Normenverletzung«. Trotz aller Versuche, eine demokratische Familie zu schaffen, bewahre auch diese als »Keimzelle der Gesellschaft«, »was die Reform verändern soll: das autoritäre Gefälle, das sie selbst immer von neuem hervorbringt«.[24]

Welche bizarre und aus heutiger Sicht obszöne historische Analogien sich mit dem Traum von einer Welt ohne Familie verbanden, zeigt das fünfte Heft der »Anleitung für eine revolutionäre Erziehung«, das der Berliner Zentralrat der Sozialistischen Kinderläden 1969 herausgab. Die Broschüre enthält einen Aufsatz Anna Freuds über die emotionale und kognitive Entwicklung, Widerstandsfähigkeit und Traumatisierung von jüdischen Kindern in Konzentrationslagern, deren Eltern ermordet oder verschleppt worden waren, einen Aufsatz des amerikanischen Psychoanalytikers David Rapaport über die kollektive Erziehung im Kibbuz sowie das selbstverfasste Programm »Erziehung im sozialistischen Kinderladen«. Die anstößige Zusammenstellung rechtfertigte aus Sicht der Herausgeber die Annahme, dass die Erziehung von Kindern nur ohne die Familie und ohne die Eltern gelingen könne.

Auch abseits der revolutionären Metropolen Berlin und Frankfurt galt der Kinderladen als ein attraktiver Gegenentwurf zur Kleinfamilie, zu patriarchalischen Geschlechterverhältnissen und zu einer repressiven Erziehung. Im April 1969 trafen sich im Sozialistischen Club in Bremen Eltern, um die pädagogische Konzeption einer »repressionslosen Erziehung« zu erörtern.[25] Mit finanzieller Unterstützung der Landesregierung und der organisatorischen Hilfe der Arbeiterwohlfahrt eröffnete Anfang März 1970 das Bremer Kinder-Centrum seine Tür, das sich am Ideal der antiautoritären Erziehung orientierte und auf den »Abbau von Repressionen« zielte.[26] Das Interesse der städtischen Presse war ebenso groß wie das Mitteilungsbedürfnis der Eltern, und so lud der erste Bremer Kinderladen monatlich zu Informationsveranstaltungen ein, um für eine Welt ohne Familie zu werben.

Bald wurde deutlich, dass sich hinter dem Schlagwort Kinderladen unterschiedliche Vorstellungen davon verbargen, welche Ideale im Zentrum einer Erziehung ohne Repression stehen sollten. Die erste Informationsveranstaltung des Kinder-Centrums im März 1970 widmete sich der Frage, warum der Osterhase und die Ostereier »im Zusammenhang mit der Repression gesehen werden« müssten, die »Eltern vor Festen auf die Kinder« ausübten. Gemeinhin werde der Osterhase als »Eierbringer dargestellt«. Angesichts dieser »Lüge, die den Kindern über die Funktion des Hasen aufgetischt« werde, sei der Osterhase »vollständig abzulehnen«. Die Vorbereitung auf das Osterfest bilde einen »Teil der autoritären Erziehung: die Kinder werden in der Erwartung gehalten, dass sie etwas geschenkt bekommen, wenn sie ›artig‹ sind, sich also unterdrücken lassen«. Wer repressionsfrei erziehen wolle, müsse auf das Osterfest verzichten. Zwar spielten einige Eltern mit der Idee, »die (Oster-)Eier an irgendeinem anderen Tag« zu verstecken, etwa vor Ostern, »um die Erwartungshaltung der Kinder abzubauen«. Doch am Ende der Diskussion über den Osterhasen setzte sich im Kinder-Centrum die Ansicht durch, »dass der Wunsch nach einer solchen ›Lösung‹ [...] auf der Projektion eigener Kindheitserlebnisse beruht, die einem schön erscheinen«.[27]

Während die lokale Presse wohlwollend über das Kinder-Centrum und dessen Ablehnung des Osterfestes berichtete, galt es andernorts als abschreckendes Beispiel für den Verrat am revolutionären Ideal des Kinderladens. In Bremens »renommiertem Ärzte- und Anwaltsviertel« sei ein privater Kindergarten »ohne Kruzifix und Verbotstafeln« entstanden, berichtete die *Frankfurter Rundschau* im Juni 1970, mit »großen Malwänden und Sandkisten, [...] mit ›Spiel-gut‹-Holzspielzeug aus Bremens berühmter Böttcherstraße und mit Eltern, die für die individuelle Betreuung gerne das Doppelte [...] zahlen«. Mit einem antiautoritären Kinderladen habe das nichts gemein. »Während nahezu ein ganzer Beratungsabend der Gretchenfrage nach der Existenz des Osterhasen gewidmet wurde«, schloss der Bericht, »erklären die Eltern zum Thema ›frühkindliche Sexualität‹ nur lapidar, sie solle im Kinder-Centrum weder unterdrückt noch gefördert werden.«[28]

Neben dem Kinderladen kam vor allem der Kommune bei der Suche nach Lebensformen jenseits der Familie eine zentrale Rolle zu. Aus Sicht von Hans Magnus Enzensberger, dem damaligen Herausgeber des *Kursbuchs*, galt sie als Muster für eine »konkrete Utopie«. Unter dem Titel »Ein Gedanke für die Zukunft« hatte die Zeitschrift im Januar 1968 einen Wettbewerb ausgelobt. Der »beste Gedanke für die Zukunft« werde mit 1000 D-Mark prämiert. Gefragt sei »eine konkrete utopische Konzeption, beispielsweise auf dem Gebiet der gesellschaftlichen Kontrolle von Produktions- und Publikationsmitteln, der Schule oder des Städtebaus«.[29]

Unter den zweiundsiebzig Einsendungen wählte der Herausgeber Gezá Kirchknopfs Text »Vom elastischen Familienverband zur Kommune« aus, der im August 1968 abgedruckt wurde. Kirchknopf, dessen Studie *Liebe zu viert. Ehepartnertausch in der Bundesrepublik* im Folgejahr über fünfzigtausend Käufer finden sollte, entwickelte einen Dreistufenplan, der von der Familie zur Kommune führte.[30] Die »herkömmliche Familie« habe sich, so Kirchknopf, »wegen ihres feudalen Charakters« überlebt. In der ersten Stufe, dem »elastischen Familienverband«, sollten »sechs oder auch acht« Familien gemeinsam ein Wohnhaus beziehen, ihre Kinder zusammen erziehen, Haushaltsgeräte teilen, ohne dass die »Ehepaare« auf die Möglichkeit verzichten müssten, sich hinter »die eigene, schützende Wohnungstür« zurückziehen zu können.[31] In der zweiten Stufe sollten zwischen »den einzelnen Familien innerhalb des Hauses sexuelle Querverbindungen« entstehen. Damit erwache zugleich der Wunsch nach neuen Wohnhäusern, die nicht mehr »patriarchalisch-vertikal«, sondern »funktionell-horizontal« aufgeteilt seien: »Ein Teil des Hauses dient der Versorgung, ein anderer dem Studium, ein dritter den Hobbys und der Freizeit usw.«. Je länger Menschen in der zweiten Stufe lebten, desto attraktiver werde ihre Lebensform für »den rückständigen Teil der Bevölkerung«. Damit sei der Boden für die dritte Stufe bereitet: Mit der Aufhebung des Privateigentums wandele sich der elastische Familienverband endgültig zur Kommune.[32]

Kirchknopf war überzeugt, dass die Kommune für die Zukunft der Demokratie bedeutsam sei. Je mehr Familien sich auf den Weg in die Kommune machten, desto stärker intensiviere sich »die Demokratisierung der Gesellschaft, weil die innerfamiliäre Demokratie verwirklicht wird. Auch der Übergang zu einer neuen Form der Gesellschaft, z. B. zum Sozialismus [...], wird von den Familienverbänden demokratisch kontrolliert. Diese Utopie der Familienverbände ist nicht imstande, den Übergang zum Sozialismus zu ersetzen, sie ist aber das beste Mittel, die Gesellschaft auf diesen Übergang vorzubereiten und den Übergang zu vollziehen. Sie trägt auf der anderen Seite zur Demokratisierung der schon vorhandenen sozialistischen Gesellschaftsform bei.«[33]

Die Bedeutung dieser neuen Formen des Zusammenlebens jenseits der Familie für den Weg in die sozialistische Gesellschaft betonten auch die Vordenker der Kommune 2. »Der antiautoritäre Aufstand«, argumentierten sie, richte sich vor allem »gegen jenen Teil der bürgerlichen Vergangenheit, den man als verinnerlichte Norm, als Lebensgewohnheit, als falsche Individualität« mit sich trage. »Die Rebellion gegen die Repräsentanten der Väter« führe daher zu einer »tiefen Identitätskrise«. Ertragen könne man die Krise nur dank der Kommune, da sie die Chance biete, diesen »Kampf gegen sich selbst« zu führen, indem man sich »einer positiven Identifikation mit seiner revolutionären Bewegung« sicher sein könne.[34] Bereits im Oktober 1968 zeigte sich die Zeitschrift *Konkret* darüber erfreut, dass sich inzwischen in vielen Großstädten Kommunen gegründet hätten. Gemeinsam sei diesen Projekten »der Wille, eine neue Form des gesellschaftlichen Lebens zu finden, die Beziehungen der Menschen untereinander zu verändern«. In diesem geschützten Raum, der vom »Zwang repressiver Beziehungen in Elternhaus oder Ehe« befreie, sei es möglich, »den engsten Zwängen unserer Gesellschaft« zu entrinnen. Infolgedessen werde die Kommune zur »Keimzelle« der »gesellschaftlichen Änderung [sic!]«.[35]

Ebenfalls als Gegenentwurf zur repressiven Familie und als weiteres Zeichen für die Morgenröte einer freien Gesellschaft und einer Demokratie, die diesen Namen verdiene, galten die Kinderläden. Die Verbindung zwischen der antiautoritären Erziehung und dem »sozialistischen Kampf« für neue Formen des Zusammenlebens betonte die 1970 bei Kiepenheuer & Witsch erschienene Programmschrift der Berliner Kinderläden. Ziel sei es keineswegs, gemeinsam mit dem sozialdemokratischen Senat ein »familienpolitisches Modell« zu entwickeln. Als Teil der »sozialistischen Bewegung« wollten die Kinderläden nicht die »Kleinfamilie ›als Keimzelle des Staates‹« retten, sondern diese vielmehr als »Ideologiefabrik des Kapitalismus« zerstören.[36] Ähnliche Argumente fanden auch Eingang in die »Erfahrungsberichte« einzelner Kinderläden. Man dürfe diese nicht auf den Versuch reduzieren, die »gefesselten intellektuellen und psychischen Energien unserer Kinder« frei zu setzen. Da es notwendig sei, das »Kinderladenprojekt politisch zu bestimmen«, müsse man bewusst »gegen die kapitalistischen Herrschafts- und Ausbeutungsinteressen« erziehen.[37]

Den Mut zu großen historischen Parallelen bewies die Mitbegründerin der Frankfurter »Kinderschule« Monika Seifert, die in *Konkret* eine »Theorie der antiautoritären Kindergärten« entfaltete. Als unbegründet galt der 1932 geborenen Tochter Alexander Mitscherlichs die Befürchtung, dass antiautoritär erzogene Kinder sich als unfähig erweisen würden, »mit dieser Gesellschaft fertig zu werden« und dass diese »bestenfalls« zu »– wenn nicht Selbstmörder[n] – [dann zu] Individualisten« heranwüchsen, die versuchten, ihr privates Glück zu verwirklichen«. »Repressionsfreie Erziehung – die nicht Ausklang der Jugendbewegung, sondern Teil der antiautoritären Bewegung ist –«, würde es »Kindern überhaupt erst« ermöglichen, die »Qualitäten zu entwickeln, die Revolutionäre brauchen: die Fähigkeit, an jeder Unterdrückung zu leiden, gegen sie zu kämpfen und Siege nicht durch autoritäre Fixierung zu Niederlagen zu machen (Beispiel: russische Revolution)«. Ein antiautoritärer Kindergarten sei kein »privatistischer Akt«, sondern Teil »einer politischen Strategie«. »Jede Gegenorganisation gegen bestehende gesellschaftliche Institutionen« schaffe »in der alten Gesellschaft Keimzellen der neuen«, schloss Seifert: Sie müssten bestehen, um »eine Revolution überhaupt« erst zu ermöglichen.[38]

Freiraum für Kinder oder Vorraum der Revolution

Zwei widersprüchliche Motive klangen in der Hoffnung an, der Kinderladen möge zur Keimzelle der Revolution werden. Offen blieb, ob es um die Freiheit des Kindes oder um die Revolutionierung der Gesellschaft gehen sollte. Ungeachtet des revolutionären Pathos lag vielen Anhängern der Kinderladenbewegung die Mündigkeit, der Spielraum und die Freiheit von kleinen Kindern am Herzen. Im

Anschluss an ältere Traditionen der Reformpädagogik verstanden sie das Kind nicht als Objekt, sondern als Subjekt, das ein Recht auf Liebe, Vertrauen und Zuwendung hat. Sie setzten auf eine Erziehung ohne Zwang, ohne Züchtigung und Repression und suchten den Anschluss an wissenschaftliche Thesen und Erkenntnisse über die moralische, emotionale und kognitive Entwicklung von Kindern. Erwachsene sollten dem Kind den größtmöglichen Spielraum gewähren, um dessen Selbstbewusstsein, Kreativität und Autonomie zu stärken. Darauf zielte das Schlagwort der »Erziehung ohne Zwang«, das die Reformpädagogik des späten 19. Jahrhunderts geprägt hatte und das seit den späten fünfziger Jahren immer populärer wurde.[39] Implizit blieb hier eine bestimmte Form der erzieherischen Autorität möglich, nämlich jene, die darauf zielte, hierarchische Beziehungen im Laufe der Erziehung zu verringern und am Ende ganz abzuschaffen.

Im Gegensatz dazu errichteten die revolutionären Chefideologen an der Spree und am Main Wolkenkuckucksheime der antiautoritären Theorie. Sie interessierten sich weniger für den pädagogischen Alltag im Kinderladen als für die grundstürzende Veränderung der Gesellschaft. Wer wie die sozialistischen Kinderkollektive in den westdeutschen Metropolen die »Revolutionierung des bürgerlichen Individuums« beschwor, dem ging es weniger um die konkreten Erfahrungen und Bedürfnisse von Kindern, als vielmehr um die Erlösung der Welt. Leicht schlug das Ziel der revolutionären Erziehung von Kindern in immer weitreichendere Utopien um, in denen Kinder zu Projektionsflächen eines revolutionären Heilsversprechens und zu Geiseln der radikaldemokratischen Erlösungsfantasien ihrer Eltern wurden.

Die revolutionären Hoffnungen, die an die Kommunen wie die Kinderläden geknüpft wurden, erschienen umso dringlicher, je brüchiger das Selbstverständnis der westdeutschen Gesellschaft als einer demokratischen Ordnung wurde. Im Umfeld der außerparlamentarischen Opposition mehrten sich 1968 die Stimmen derer, die wie Ulrike Meinhof, die herausragende Journalistin der Studentenbewegung, in der Bundesrepublik keine junge und unbeholfene Demokratie, sondern einen »Neuen Faschismus« sahen.[40] Kommunen, Kinderläden und sozialistische Kinderkollektive galten im Umfeld der Studentenbewegung nicht allein als Mittel, sich aus der Familie zu befreien, sondern als ein höchst politisches Projekt im (nachgeholten) Kampf gegen den Faschismus und für eine neue Form der Demokratie.

Diese Angst, dass die Bundesrepublik bereits zu einer faschistischen Gesellschaft geworden sei, wurde jenseits der außerparlamentarischen Opposition kaum geteilt. Darüber darf aber nicht aus dem Blick geraten, wie verbreitet die Rede von der Bundesrepublik als einem Land der unbeholfenen Demokraten Ende der sechziger Jahre war. In ihrem Rückblick auf die ersten zwei Dekaden nach der Unterzeichnung des Grundgesetzes betonte Marion Gräfin Dönhoff, den Westdeutschen sei nicht bewusst, dass die »Demokratie kein System, kein Zustand, sondern ein Prozeß« sei, »bei dem legitime Herrschaft immer von neuem kontrolliert und geheime [...] Herrschaft immer wieder aufgelöst werden« müsse.[41] »Autoritäre Herrschaftsstrukturen« seien durch Formen der »freien Selbstbestimmung« zu ersetzen, forderte ein Jahr zuvor der spätere Bundesfinanzminister Hans Matthöfer. Das »antiautoritäre Prinzip« lege der »Idee der Demokratie« und dem Schlagwort der »Mitbestimmung« zu Grunde, argumentierte der damalige Leiter der Abteilung Bildungswesen der IG-Metall. Es gehe dabei nicht nur um die Arbeitswelt, sondern auch um die »Mitbestimmung« der »Kinder in der Familie«, der »Studenten an der Hochschule« und der »›Laien‹ in der Kirche«.[42] Viele liberale und linksliberale Journalisten fühlten sich diesem antiautoritären Prinzip ebenfalls verpflichtet und hofften daher, dass die Provokation der außerparlamentarischen Opposition und deren Experimente mit neuen Lebensformen von der

»schöpferischen Unzufriedenheit in der Gesellschaft« zu einer umfassenden »geistigen Revolution« führen könne.[43]

Angesichts solch demokratischen Elans kann es kaum überraschen, wie freundlich sowohl die liberale Presse als auch Frauen-, Eltern- und Jugendzeitschriften um 1970 über die antiautoritären Lebens- und Erziehungspraktiken berichteten. Die neugierige Sympathie in Presse, Rundfunk und Fernsehen wurde manchen Vordenkerinnen der antiautoritären Bewegung sogar unheimlich. Rosemarie Volkersen warnte 1972 im *Wörterbuch Kritische Erziehung*, »die einschlägigen bürgerlichen Erziehungszeitschriften (›Eltern‹, ›Es‹)« plädierten für »eine gewisse Toleranz in der Erziehung des Kleinkindes«. Längst habe das »Schlagwort« der antiautoritären Erziehung im »Bürgertum« »seinen anfänglichen Schrecken verloren«.[44] Verständlich wird vor diesem Hintergrund auch, dass programmatische Texte und Erfahrungsberichte der Kommunen und Kinderläden bald nicht mehr im Selbstverlag, sondern bei Publikumsverlagen wie Rowohlt, Kiepenheuer & Witsch, S. Fischer und Hanser erschienen und häufig Auflagen von über einhunderttausend Exemplaren erreichten.[45] Bereits seit Mitte der sechziger Jahre nahm auch in meinungsführenden Zeitungen wie der *Zeit* die Zahl der Artikel sprunghaft zu, die, anders als noch in den fünfziger Jahren, nicht mehr allein die »patriarchalische«, sondern die »bürgerliche« Familie überhaupt infrage stellten, auch wenn zunächst offen blieb, was an ihre Stelle treten solle.

Doch als im Umfeld der außerparlamentarischen Opposition die Kommunen, Wohngemeinschaften und Kinderläden wie Pilze aus dem Boden schossen, blieb die Berichterstattung meist wohlwollend, sieht man einmal von der *Bild*-Zeitung ab.[46] »In einer Welt, die gebietet und verbietet, gibt es jetzt ein paar Inseln des Gewährenlassens«, unter diesem Aufmacher veröffentlichte die *Zeit* im Januar 1969 zwei Reportagen über Kinderläden in Frankfurt und Berlin. »Vielleicht« sei, fragte der Artikel über die sozialistischen Kinderkollektive an der Spree, eine antiautoritäre Erziehung »die einzige Möglichkeit – und das ist wohl auch ihr politischer Inhalt – zu verhindern, daß die Kinder, wenn sie erwachsen sind, durch die ihnen anerzogenen Existenzängste gezwungen sind, sich ständig anzupassen«.[47] *Der Spiegel* widmete dem Thema sogar seine Titelseite. »Gehorsam zumeist durch Zwang – das ist die Erziehung der Vergangenheit«, notierte das Nachrichtenmagazin: »Lernspiel möglichst ohne Zwang – das ist die Erziehung der Zukunft«. Als Gewährsfrau berief man sich auf Hildegard Hamm-Brücher. Die Staatssekretärin im Bundesministerium für Bildung und Wissenschaft sah in den neuen Formen der vorschulischen Erziehung »das Fundament für den Aufbau eines demokratischen Bildungswesens«.[48]

Auch die Bremer Lokalpresse meinte es gut mit dem Experiment einer Erziehung ohne Repression. Der *Weser-Kurier* sah im Bremer Kinder-Centrum ein »interessant[es] und vielversprechend[es]« Modell. Zwar erscheine manches »ein wenig überspitzt«, doch müsse man den Eindruck gewinnen, »dass hier junge Eltern die Aufgabe, ihre Kinder zu Menschen des dritten Jahrtausends zu erziehen, sehr sehr ernst nehmen«. Da die »Zeiten, in denen Väter nur zu befehlen hatten und Söhne und Töchter widerspruchslos gehorchen mussten, [...] inzwischen überstanden seien«, so die *Bremer Bürgerzeitung* im Oktober 1970, sei die Suche nach neuen Wegen der Erziehung ein Gebot der Stunde. Mit »großem Mut und mit erfreulichem persönlichen Engagement« werde im Kinder-Centrum der »schmale Grat zwischen Führen und Gewährenlassen ständig neu durchdacht und durchmessen«.[49]

Selbst die katholische Milieupresse lehnte die Idee einer Welt ohne Familie nicht ganz ab. Ruth Dirx, eine angesehene katholische Expertin für Erziehungsfragen, betonte im Februar 1968 in der Zeitschrift *Frau und Mutter*, Demokratie beginne auf dem Spielplatz. Vor allem »altbekannte Kinderspiele« wie »Reigen« oder »Fangen«,

»Verstecken oder Suchen« seien wichtig, um den Geist des »Obrigkeitsstaates« zu überwinden. »Bei dieser Art von Spielen sind alle gleichberechtigt. [...] Lange bevor die Demokratie eingeführt wurde, übten sich die Kinder bei diesen Spielen in den demokratischen Formen des Zusammenlebens.« Die »Chance, veredelnd auf die Moralvorstellungen und die Umgangsformen zu wirken«, ergebe sich allerdings nur, wenn Eltern und Erzieher die Kinder sich selbst überließen. »Die demokratischen Spielregeln garantieren einen friedlichen Ablauf des Spiels. [...] Den komplizierten Vorgang seine eigene Person zu behaupten, ohne die andere zu verdrängen oder zurückzustoßen, lernt man nur dort, wo solche Spielregeln beachtet werden. [...] So vielseitige Möglichkeiten, wie sich das Kind in diesen Spielen schafft, kann sich der phantasiebegabteste Erwachsene gar nicht ausdenken. Und er soll es auch gar nicht, weil das Kind selber denken möchte.«[50]

Den Traum von der »Familiendemokratie« lobte 1971 das katholische Jugendmagazin *Top, Hallo* und empfahl den Leserinnen und Lesern das schwedische Kindertheaterstück »Worüber regt sich Ulla auf?«: »Der ›dicke Hund‹ ist«, so der Chef vom Dienst der Zeitschrift, »dass die Kinder so sprechen, wie Kinder sprechen – also nicht so, wie es Deutschlehrer und Mütter gerne hätten. Dass die Demokratie auf nicht sehr ernsthafte Weise erpresst wird: Weil Papa aufs Klo muss, das die Kinder besetzt haben, unterschreibt er das Grundgesetz für das Familienparlament. Ein Stück, in dem man durch das Gelächter hindurch etwas davon spürt, dass das Zusammenleben von Eltern und Kindern [...] anders sein könnte, als es meistens ist«.[51]

Die Sympathie der bürgerlichen Öffentlichkeit galt auch anderen privaten Lebensformen jenseits der Familie. Der *Weser-Kurier* warnte im November 1970 davor, der »Boulevardpresse« auf den Leim zu gehen, die bei Kommunen vor allem an »Haschisch, [...] an Orgien, an Lotterleben« denke. Experimente wie die »Wall-Kommune« in Bremen seien ein »ernst zu nehmender Versuch einer neuen Lebensform«, um der »Isolation in der normalen Kleinfamilie« zu entkommen.[52] Im April 1969 berichtete *Eltern*, die »Zeitschrift für die schönsten Jahre des Lebens«, wohlmeinend über die wachsende Bedeutung der »Gruppenehe«. Die »Vorteile« gegenüber der bürgerlichen Familie seien so »einleuchtend«, dass sich nicht nur in Dänemark und Schweden, sondern auch Deutschland und den Vereinigten Staaten manche Familien zu »solchen Gruppenehen« zusammengeschlossen hätten. Es dränge sich daher die Frage auf, ob die Gruppenehe die Chance biete, »die Isolation der Kleinfamilie zu durchzubrechen«, ja ob diese nicht eventuell »überhaupt ›die‹ Gemeinschaftsform von morgen« werde.[53] Die von der Zeitschrift befragten Experten waren uneins, doch einer von ihnen, Johannes Zielinski (1914–1993), damals Direktor des Instituts für Erziehungswissenschaft an der Technischen Hochschule Aachen, plädierte für das »Wagnis der Gruppenehe«. Angesichts der Herausforderungen der Gegenwart sei »eine Schärfung des sozialen Gewissens« unverzichtbar. Während übliche Lebensformen vor dieser Aufgabe versagten, könnten Eltern und Kinder in der »Wohngemeinschaft der Gruppenehe [...] soziale Verhaltensweisen« einüben, die über den »Bereich der Kleinfamilie« hinausgriffen.[54] »Damit wir uns richtig verstehen: ELTERN ist gegen den Gruppensex«, titelte die Redaktion in der Fortsetzung des Artikels im darauffolgenden Heft, um aber eindringlich zu betonen, wie vorteilhaft eine »Wohngemeinschaft« für Kinder sei. Laut Wolfgang Metzger ermögliche diese Lebensform es den Kindern »untereinander und mit den Erwachsenen eine ganze Reihe [...] den jeweiligen Bedürfnissen entsprechenden Freundschaften« zu schließen. »Alles sehr positiv also«, schloss der Direktor des Psychologischen Instituts der Universität München. Auf die Kibbuzim als den »gelungenen« Versuch, eine Großfamilie »künstlich wiederherzustellen« verwies schließlich sein Kollege Theodor Hellbrügge, Leiter der dortigen Forschungsstelle für soziale Pädiatrie und Jugendmedizin. In ihnen würden »die Kinder [...] abwechselnd von [verschiedenen] Erwachsenen betreut« und wüchsen »gleichsam als ›Geschwister‹ auf«. Solche Lebensformen solle man nicht »mit dem Hinweis auf Gruppensexualität abtun«, sondern als ein wegweisendes Vorbild »einer Rückkehr zur natürlichen Großfamilie gelten lassen«.[55]

Von der Utopie zur Melancholie

Wenn ungeachtet aller Differenzen die fünfziger Jahre und Achtundsechzig näher zusammenrücken, wird deutlich, wie fremd uns beide Epochen geworden sind. Sicherlich wird gegenwärtig über die Kinderlosigkeit der Akademikerinnen und Akademiker oder über die Vereinbarkeit von Familie und Beruf, über gleichgeschlechtliche Ehen oder eine zeitgemäße Erziehung leidenschaftlich debattiert. Doch heute geht es primär um die Zukunft des Rentensystems, die Digitalisierung oder die Frage der Geschlechtergerechtigkeit im engeren Sinne. Verlorengegangen ist dagegen ein partei- und milieuübergreifender Glaube, dass das Überleben der Demokratie von einem spezifischen Erziehungsstil abhinge, sei es in der Familie, sei es jenseits der Familie in Kommunen, Kinderläden oder Wohngemeinschaften. Das »demokratische« Familienideal der fünfziger Jahre wirkt mittlerweile bestenfalls betulich, der revolutionäre Gegenentwurf der späten sechziger und frühen siebziger Jahre mindestens bizarr, bar jeder Ironie waren beide.

Was bleibt? Gemessen an den großen Utopien der revolutionären Vater-, Mutter- und Kindschaft, welche die späten sechziger und die frühen siebziger Jahre kennzeichneten, sicherlich wenig. Dennoch veränderte der Traum einer Erziehung ohne Zwang die

Ideale und Praktiken in der vorschulischen Erziehung spürbar.[56] Auch in vielen kirchlichen und städtischen Kindergärten galten rigider Drill, strenge Regeln und autoritäre Disziplin zunehmend als überholt. Die Kinderläden hätten, konstatierte Arianna Giachi 1973 in der *Frankfurter Allgemeinen Zeitung*, »die Öffentlichkeit am nachdrücklichsten auf die Fragwürdigkeit autoritärer Erziehungsmethoden aufmerksam gemacht«. Nach ihrem Vorbild »erlauben heute auch [...] städtische und konfessionelle Kindergärten ihren Schützlingen mehr eigene Entscheidungen und mehr Wagemut als früher«. Eine Erziehung, »die Kinder frühzeitig zum selbständigen Denken und Handeln anleitet«, sei »weniger eine Frage der Ideologie als einer emotionalen Reife, die andere Menschen, und seien sie noch so jung, unter allen Umständen als Individuen respektiert«.[57] Bald resümierte Theodor Eschenburg in *Meyers Enzyklopädischem Lexikon*, dank des breiten Echos der »begrenzten Regelverletzungen« der antiautoritären Bewegung auch in »nicht ausgesprochen revolutionären Kreisen« sei eine »wachsende Autoritätsskepsis« an die Stelle von überkommenen »Autoritätsvorstellungen« getreten.[58]

Unverkennbar ist zudem, wie sehr sich, trotz aller Sehnsucht nach einer neuen Bürgerlichkeit, das Ideal der Familie pluralisiert hat, und das nicht nur, aber eben auch als Folge von Achtundsechzig, vor allem jedoch der Frauenbewegung, die ein liberales Scheidungsrecht und die Entkriminalisierung des Schwangerschaftsabbruchs durchsetzte, sowie der Schwulen- und Lesbenbewegung.[59] Gerhard Schröders Formel, Familie sei überall dort, »wo Kinder sind«, mag dafür stehen, oder das gegenwärtige Familienideal der CDU. Das Grundsatzprogramm der Union von 1994 hatte noch verkündet, dass die »Ehe« als »Gemeinschaft von Frau und Mann« die »beste Grundlage für die gemeinsame Verantwortung von Mutter und Vater in der Erziehung der Kinder« sei. Dagegen hieß es in dem 2007 verabschiedeten familienpolitischen Leitbild, »Familie«

sei »überall dort, wo Eltern für Kinder und Kinder für Eltern Verantwortung tragen«.[60]

Eine andere, »stille Revolution« in der Familiengeschichte der zweiten Hälfte des vergangenen Jahrhunderts hat mit der Kinderladenbewegung nichts zu tun, sondern war vielmehr die Umsetzung einer bereits in den fünfziger Jahren erhobenen Forderung liberaler Privatrechtler. Hatte das bürgerliche Recht der Fünfziger die Stellung des Kindes in der Familie noch vom Begriff der »elterlichen Gewalt« her gedacht, trat an dessen Stelle in den sechziger Jahren zunächst die Formel der »elterlichen Sorge« und in den siebziger Jahren dann der Begriff des »Kindeswohls«, der das körperliche, geistige oder seelische Wohlergehen von Kindern und Jugendlichen betont. In diesem Sinne bezeichnete das Bundesverfassungsgericht im Juli 1968 Kinder als »Grundrechtsträger«, dessen »Recht auf Entfaltung seiner Persönlichkeit« im Zentrum des Familienrechtes stehe.[61]

Die unmittelbare Nachgeschichte der konkreten Utopie eines antiautoritären Lebens in einer Welt jenseits der Familie lässt sich nur skizzieren. Obwohl manche Vision einer neuen Beziehung zwischen Eltern und Kindern im Umfeld der Kommunen und Kinderläden einer fundamentalistischen Logik folgte, lässt sich nur schwerlich eine Verbindung zwischen diesen antifamiliären »Keimzellen« der Revolution und den sektiererischen K-Gruppen der siebziger Jahre oder gar dem Terrorismus konstruieren. Dass Jan-Carl Raspe der Kommune 2 angehörte, sich drei Jahre später dann der Roten Armee Fraktion anschloss, war wohl dem Zufall geschuldet. Aus heutiger Sicht erscheint der antiautoritäre Traum der Kommunen und Kinderläden, ähnlich wie die Utopie der sexuellen Revolution, vor allem als »Keimzelle« einer »linken Melancholie«, die Michael Schneider 1980 zu beobachten glaubte.[62] Ob die Erfahrung dieser Melancholie den Weg hin zu jener ironischen Skepsis ebnete, die nach Richard Rorty einen über seine eigenen Abgründe aufgeklärten Liberalismus auszeichnet, gehört zu den reizvollen Fragen einer Geschichte der späten Bonner Republik.[63] Aber wenn wir uns trotz des Abstands von fünfzig Jahren immer noch schwertun, eine genuin historische Deutung von Achtundsechzig zu entwickeln, um wieviel mehr gilt das für die späten siebziger und frühen achtziger Jahre des vergangenen Jahrhunderts.[64] Historikerinnen und Historiker, die jung genug sind, um einen fremden Blick auf die späte Bonner Republik zu werfen, beginnen vermutlich in diesen Tagen gerade ihr Studium. Auf ihre Deutung der Nachgeschichte von Achtundsechzig dürfen wir gespannt sein.

Kapitel V

Der Verlust der Mitte: Vom Siechtum öffentlicher Räume

Am 20. Juni 1992 schloss das Parkbad in Offenbach für immer seine Tore. Die hochverschuldete Stadt konnte oder wollte die Kosten für die anstehende Sanierung des gut dreißig Jahre alten Hallenbades nicht übernehmen. Senioren, die das Bad im Herzen der Stadt seit Jahrzehnten genutzt hatten, erschienen in schwarzen Anzügen zu einem Trauermarsch. Der Betriebsleiter filmte den Zug persönlich. Zwar hatte der Magistrat dem Personal zugesichert, es andernorts in der städtischen Verwaltung zu beschäftigen. Doch auch für die Mitarbeiter war die Schließung des Bades bitter. Besonders schmerzte sie, dass niemand aus dem gegenüberliegenden Rathaus die Zeit gefunden hatte, an diesem Tag zu erscheinen. »Wir wären gerne von unserem Dezernenten Wolfgang Reuter verabschiedet worden«, betonte Karin Brösky, eine Mitarbeiterin der Stadt- und Parkbadverwaltung, seinerzeit gegenüber der *Offenbach-Post*.[1]

Die Einweihungsfeier des Parkbades am 15. April 1961 war dagegen ein Festtag für Offenbach und ein Symbol des demokratischen Aufbruchs nach dem Krieg. An diesem Samstag konnte der Offenbacher Stadtrat Albert Gasch Prominenz aus ganz Hessen begrüßen. Aus Wiesbaden kam der hessische Innenminister Heinrich Schneider, aus Darmstadt der Regierungspräsident Wilhelm Arnoul, die große Delegation von Magistrat und Stadtparlament führte der Stadtverordnetenvorsteher Walter Frank an. Zu den Gästen zählten zudem die Bürgermeister der umliegenden Städte und Gemeinden, Vertreter der Stadt Frankfurt sowie der Präsident des Hessischen Gemeindetages, der Mühlheimer Bürgermeister Anton Dey. Nach Gasch sprachen Schneider und Arnoul. »In Kürze wird das Parkbad aus dem Leben dieser Stadt nicht mehr wegzudenken sein«, betonte der Innenminister: »Es wird die beliebte Badestube der Bürger und besonders der Offenbacher Jugend werden.« Das 25-Meter-Becken im neuen »Schmuckstück Offenbachs« weihten die »Isarnixen« des Münchner Damenschwimmvereins 1903 ein. Zwölf Mädchen schwammen die Maskenpolonaise von Jacques Offenbach und die Perlenfischerin von Peter Tschaikowsky, anschließend ein Potpourri aus Venus-Walzer, Gaité parisienne, Notre Dame und Lime Light. Das Dreimeterbrett durften als erste vier Mitglieder der Karlsruher Kunstspringerschule nutzen: mit ihren eleganten Sprüngen durchnässten sie die Kleidung des Vorsitzenden des städtischen Bauausschusses.[2]

Dass das Parkbad den Offenbacher Haushalt erheblich belasten würde, stand allen vor Augen. Bereits sein Bau hatte die Stadt über viereinhalb Millionen D-Mark gekostet, und Offenbach rechnete 1958 mit jährlichen Betriebskosten von 800 000 D-Mark. Da die Eintrittspreise bewusst niedrig gehalten wurden – 1969 kostete der Besuch mit Kinderzehnerkarte nur dreißig Pfennig –, standen den Betriebskosten voraussichtliche Einnahmen von lediglich 275 000 D-Mark gegenüber.[3] Kritik an dieser Finanzplanung gab es keine. Der Stadt, der Presse wie der Bürgerschaft galt es um 1960 als selbstverständlich, ein kommunales Hallenbad im Zentrum Offenbachs zu subventionieren.

Sowohl im Selbstverständnis der Stadt als auch in der Außenwahrnehmung zählte das Parkbad zu den wichtigsten öffentlichen Bauten, die den städtischen Bürgerstolz und Gestaltungswillen symbolisierten. Die Planungen für die damals größte freitragende Hallenbadkonstruktion Deutschlands begannen Mitte der fünfziger Jahre. Im Auftrag des Magistrats präsentierte der Offenbacher Stadtbaurat Adolf Bayer unterschiedliche Entwürfe für ein im Herzen der Stadt zu errichtendes Hallenbad. Im Juni 1958 entschied sich die Stadtverordnetenversammlung für Bayers Entwurf einer scheinbar schwerelosen Trägerkonstruktion auf parabolischem Grundriss, bei dem eine breite, geschwungene Fensterfront die Schwimmhalle umfasste und den Blick auf den Büsingpark freigab. Wie auch bei seinen Schulbauten hatte sich der Stadtbaurat mit seinem Prinzip einer schwebenden und transparenten Architektur durchgesetzt. In seiner kühnen Formsprache war der Entwurf nur mit dem 1957 eröffneten Stadtbad in Wuppertal vergleichbar, das der dortige Rat als »Denkmal des Bürgersinns« bezeichnete, der Volksmund dagegen »Schwimmoper« nannte.[4] Das Offenbacher Bauvorhaben fand bundesweit Beachtung. Bereits im November 1957 lobte das *Archiv des Badewesens* Bayers Entwurf. Die »Orientierung der Schwimmhalle auf die hervorragende landschaftliche Situation des Parks« sei vorbildlich, weil sie die »Chance« eröffne, »im Kern einer Großstadt, zentral gelegen, eine Erholungsstätte von besonders hohem Wert zu schaffen«.[5] Als eine »der interessantesten Badplanungen der Nachkriegszeit« galt das Parkbad der Zeitschrift *Der Lebensretter*; das amtliche Organ der Deutschen Lebens-Rettungs-Gesellschaft widmete im März 1961 der Stadt Offenbach eine Sonderausgabe.[6] In den Jahren nach der Eröffnung gab das Presse- und Informationsamt der Stadt sorgfältig komponierte Fotoserien in Auftrag, die den Alltag im Schwimmbad und den herausragenden Platz des Parkbads im Weichbild Offenbachs dokumentierten (Abbildung 4). Zum Motiv wurde die Schwimmhalle zudem auf mindestens fünf verschiedenen Postkarten, welche die Firmen Schöning & Co, Lübeck, und Michel & Co, Frankfurt am Main, in den sechziger und siebziger Jahren für touristische Zwecke drucken ließen.[7]

Abbildung 4: Das Offenbacher Parkbad
(Quelle: Elisabeth Regge, Im Offenbacher Parkbad ist immer Saison, in: Magistrat der Stadt Offenbach (Hg.), *Offenbach heute und morgen*. Offenbach 1969, S. 4)

Während in den frühen achtziger Jahren der größte deutsche Schwimmsportler seiner Zeit im Becken seine Bahnen zog, zeichnete sich schon der Niedergang des Parkbads ab. Noch bevor Michael Groß, der für den Ersten Offenbacher Schwimmclub startete, Ende November 1984 im Herzen der Stadt den Kurzbahnweltrekord über 100- und 200-Meter Schmetterling schwamm, galt das Hallenbad als veraltet.[8] Es mangele ihm an einem Solarium und einem Fitnessraum, die Heizungs- und Sanitärtechnik seien nicht mehr zeitgemäß, hieß es in der *Offenbach-Post*.[9] Bereits Anfang Januar 1983 fragte der städtische Sportdezernent, ob das Parkbad nicht »über kurz oder lang geschliffen« werden müsse. Zwar liege das Hallenbad »zentral«, so Ferdi Walther, und bilde »einen wichtigen architektonischen Akzent in der sonst an solch spielerisch hingesetzten Gebäuden armen Innenstadt«. Zudem biete es Reinigungsbäder für die »zahlreich in der Innenstadt in vielfach noch bäderlosen Wohnungen lebenden Ausländer«. Allerdings könne Offenbach sich die gestiegenen Energiekosten nicht mehr leisten. »Ich verrate kein Geheimnis«, betonte der Stadtrat gegenüber der *Frankfurter Rundschau*, »wenn ich sage, daß es jetzt schon Leute in Offenbach gibt, die frohlockten bei dem Gedanken, statt des Parkbades an dieser Stelle Tiefgaragen für das [...] Büsingpalais schaffen zu können«.[10]

Es sollte noch schlimmer kommen. Am 31. Juli 1985, um 14 Uhr, keine neun Monate nach den Weltrekorden und einen Sommer nach den olympischen Medaillen des »Albatros« Michael Groß, ließ Ferdi Walther das Parkbad wegen Einsturzgefahr schließen.[11] Nach den allernötigsten Sanierungsarbeiten, welche die Stadt 142 000 D-Mark kosteten, wurde das Schwimmbad am 5. Februar 1986 wiedereröffnet.[12] Doch sein Schicksal war besiegelt. Der Stadtbaurat verkündete im Dezember 1984, man müsse »das Parkbad niederreißen und an anderer Stelle großzügig neu bauen«. Nun da das Büsingpalais nicht mehr Kriegsruine, sondern exklusiver Veranstaltungsort sei, müsse die Stadt handeln: »Der von der Hallen-Verglasung ungebremste Blick festlich gestimmter Damen und Herren auf die planschenden und mit Badehose bekleideten Schwimmer« behage ihm nicht, so Klaus Bodensohn.[13] Im August 1985 argumentierte dann die Offenbacher CDU-Fraktion, der Abriss des Parkbades sei ein Gebot der Vernunft, da es »nicht mehr den heutigen Ansprüchen« entspreche. Als Ersatz müsse die Stadt ein neues Hallenbad zur Verfügung stellen. Das sei trotz der leeren Kassen machbar, so die sportpolitische Sprecherin der CDU: »Ein modernes Bad ist auch für einen privaten Investor eine interessante Sache.«[14] Die Offenbacher SPD, die sich zunächst für den Erhalt des Parkbades eingesetzt hatte, knickte Ende November 1985 ein. Der Fraktionsvorsitzende Winfried Seip schlug vor, das Schwimmbad und anliegende Gebäude abzureißen. An ihrer Stelle solle »ein Hotel mit einem Schwimmbad« erbaut werden, das nicht nur Hotelgästen, »sondern allen offenstehen« solle. Auf den naheliegenden Einwand, dass öffentlich nutzbare Hotelschwimmbäder »nur Zusatzangebot, keinesfalls Ersatzangebot« sein könnten, kam in der Stadtverordnetenversammlung allein die FDP.[15] Der Hinweis des Bundes deutscher Architekten im April 1986 auf die »Schönheit« des Parkbades und dessen große Bedeutung für die »städtebaulich-architektonische Entwicklung« Offenbachs lief ebenso ins Leere wie die Proteste der Bürgerinitiative »Rettet das Parkbad«.[16]

Dass die Trägerkonstruktion der Schwimmhalle inzwischen unter Denkmalschutz stand, sollte das Parkbad nicht retten. Im Oktober 1987 musste die sozialdemokratische Stadtkämmerin desaströse Haushaltszahlen vorlegen, da die Gewerbesteuereinnahmen eingebrochen waren. Drastische Sparmaßnahmen und »schmerzliche Eingriffe« seien unvermeidlich, so Inge Vittoria. Hierzu zählte auch die Schließung des Parkbades.[17] Ein Jahr später verkündete der sozialdemokratische Oberbürgermeister das Aus für das Hallenbad, offen blieb nur wie das Gebäude künftig zu nutzen sei. Ende 1988 gab dann auch die Offenbacher SPD das Parkbad endgültig auf. Das freiwerdende Gelände in bester Innenstadtlage solle an einen privaten Investor verkauft werden, der dort einen Komplex aus Luxushotel- und Tagungsstätte errichten wolle. Bei dem Bau der Anlage sei das denkmalgeschützte parabolische Gebäude zu erhalten, etwa als Empfangshalle des Hotels.[18] Als das Parkbad im Juni 1992 schloss, hatte Offenbach das Grundstück bereits für 18,5 Millionen Mark an die Bayerische Industrie- und Gewerbebau GmbH verkauft, die sich verpflichtet hatte, dort ein Viersternehotel zu errichten.

Anfang Oktober 1992 blieb vom Parkbad nur die Hülle, die Umkleidekabinen waren ausgebaut, die Waschbecken und Armaturen abgeschraubt. Der letzte Akt der »Offenbacher Bädertragödie«, der Abriss aller Gebäude außer der Schwimmhalle, folgte dann Ende Oktober.[19] Das neue Hallenbad in Offenbach, das in den Planungen des Magistrats das Parkbad hätte ersetzen sollen, blieb ein Luftschloss. Der Regierungspräsident zwang die Stadt, mit dem Erlös aus dem Grundstücksverkauf größtenteils Schulden zu tilgen.[20] Seitdem gibt es in der fünftgrößten Stadt Hessens mit heute knapp 140 000 Einwohnern ein städtisches Freibad, aber kein öffentliches Hallenbad; in Island dagegen kommt auf knapp 3 000 Einwohner je ein öffentliches Schwimmbad.[21]

Das Gegenbild zur Einweihung des Parkbades als einer Stunde des demokratischen Aufbruchs war das Richtfest des »Stadtforums« mit dem Arabella Hotel Büsingpalais am 10. Juni 1994, zu dem sich vierhundert Ehrengäste im bayerischen Festzelt versammelten. Als Vertreter der kommunalen Selbstverwaltung sprach nur der Oberbürgermeister. »Dies ist es, was die Stadt braucht«, so Gerhard Grandke: »Das Engagement von motivierten und erfolgsorientierten Menschen und Betrieben, die ihre Vorteile am Standort erkennen und konsequent nutzen.« Die weiteren Grußworte und Reden übernahmen je ein Vertreter der Bayerischen Immobilien Verwaltung und der Bayerischen Industrie- und Gewerbebau sowie der Inhaber der Arabella Hotels, Stefan Schörghuber. Aus München kamen diesmal keine »Isarnixen« des Münchner Damenschwimmvereins, sondern Getränke der Paulaner Thomas Bräu, die ebenfalls zur Schörghuber Unternehmensgruppe gehörte, ein milliardenschweres Imperium mit Bierbrauereien, Immobiliengesellschaften, Hotels und Flugzeugleasing. In der ehemaligen Schwimmhalle werde, versprach Schörghuber den Offenbachern, »eine Erlebnis-Gastronomie für jedermann« entstehen. An das Gemeinwohl erinnerte dagegen allein der Präsident der Offenbacher Industrie- und Handelskammer. »Die Qualität einer Stadt ist kein abstrakter Wert an sich«, mahnte Wolfgang Kappus, »er wird dokumentiert durch die Summe des Wohlbefindens seiner Bürger«: »Wir müssen darauf achten, daß der Bürger nicht vergessen wird.«[22] Als das Viersternehotel am Büsingpalais

1995 seine Türen öffnete, war die Verwandlung des Offenbacher Zentrums abgeschlossen. Das »Offenbacher Schmuckstück« des Parkbads war im »Stadtforum Offenbach« aufgegangen, das eine bunte Hochglanzbroschüre der Bayerischen Immobilienverwaltung als »ideal zentralen Ort für Erlebnishungrige« und als »optimalen Standort für Geschäfte« anpries.[23] Ein Symbol des demokratischen Aufbruchs war damit zu einem Symptom für das Siechtum öffentlicher Räume geworden.

Dabei ist Offenbach eine bemerkenswerte Stadt, die dem ganzen Land als Vorbild dienen könnte, »weil sie mit ihren Problemen zu leben gelernt hat«.[24] Hier bündeln sich Herausforderungen, die für die Zukunft der Bundesrepublik als einer liberalen Demokratie von Bedeutung sind. Mehr als andere Städte im Rhein-Main-Gebiet hatte Offenbach unter der Deindustrialisierung zu leiden. Seit den späten sechziger Jahren gingen mehr als vier Fünftel der Arbeitsplätze im verarbeitenden Gewerbe verloren. Viele Traditionsunternehmen schlossen ihre Tore oder legten ihre Produktion in Offenbach still: Bereits 1968 etwa die Gebrüder Heyne Metallwarenfabrik, 1993 die Farbwerke Hoechst, 1997 das Rowenta Werk und zuletzt 2019 die Seifenfabrik Kappus. Mit den Arbeitsplätzen verlor die Stadt an Einwohnern. Von 1965 bis 1985 sank die Zahl der Offenbacher von knapp 118 000 auf etwas über 107 000. Doch während der Magistrat damit rechnete, dass die Stadt weiter schrumpfen werde, entwickelte sich Offenbach zu einer »Arrival City«, einer informellen Transitzone in den globalen Wanderungsbewegungen, und erfand sich als Dienstleistungsstandort neu. Dank der Zuwanderung aus über hundertfünfzig Nationen zählt die Stadt heute mehr Bewohner als je zuvor, 2018 waren es 138 300. Dabei schrumpft die Schnittmenge zwischen der Wohnbevölkerung und dem Staatsvolk, dem *demos* im engeren Sinne, eine Entwicklung, welche die Demokratie als Herrschafts- und Lebensform auf die Dauer gefährdet. Knapp vierzig

Prozent aller Menschen in Offenbach besitzen keinen deutschen Pass, insgesamt fast zwei Drittel haben familiäre Wurzeln außerhalb Deutschlands; im Nordend, einem Innenstadtviertel direkt neben dem ehemaligen Parkbad, hat jeder Zweite keinen deutschen Pass. In der dichtbesiedelten Stadt am Main ist der Raum so eng, dass man einander zwar ignorieren, aber nicht aus dem Weg gehen kann. Überall kreuzen sich soziale Kreise. Die Wirklichkeit der einen trifft auf das Leben der anderen. Offenbach ist eine schnell wachsende weltoffene Stadt, die mit der Herausforderung kämpft, dass gerade die Zuwanderer weiterziehen, die in der Schule und auf dem Arbeitsmarkt Erfolg haben, wenn sie es sich leisten können.[25]

Sicher: Eine Stadt ist kein Museum, in dem jedes Exponat möglichst im Originalzustand zu bewahren ist. Gerade die Demokratie lebt von der Veränderung. Dennoch sollte die wundersame Verwandlung des Offenbacher Parkbades in das Foyer eines Luxushotels mit »Erlebnisgastronomie für jedermann« nachdenklich stimmen. Das öffentliche Schwimmbad gilt als ein Teil der Daseinsvorsorge und ist doch mehr, nämlich ein besonderer Ort der ungeselligen Geselligkeit. Mit dem Verschwinden der nach sozialen Klassen getrennten Becken hatte sich im frühen 20. Jahrhundert eine egalitäre Schwimmkultur etabliert. Als »die sozialste und liberalste Einrichtung« der Zeit idealisierte Georg Bennecke 1925 auf dem »Tag des deutschen Badewesens« in Karlsruhe das öffentliche Schwimmbad. Dort »herrscht wirklich Freiheit und Gleichheit, wenn der Gast, ob der Geheimrat [...] oder der Arbeiter, die Auskleidezelle [...] nur mit der Badehose bekleidet, verläßt, so hat er mit seinen Kleidern auch Rang und Status in der Zelle gelassen«. »Sogar der General«, schloss Bennecke, »muß seine roten Streifen in der Badezelle lassen, und der einfache Soldat braucht nicht vor ihm stramm zu stehen«.[26] Im Schwimmbad mischen sich Klassen und Berufsschichten, kreuzen sich kulturelle Milieus und soziale

Kreise, notierte Siegfried Kracauer im Oktober 1932. Die »ähnliche Kleidung« verstärke den Eindruck der »Homogenität«. In der Badeanstalt vermag niemand »sofort zu erraten, daß [die Gäste] allen möglichen Schichten und Parteien entstammen, niemand kann auf den ersten und auch zweiten Blick hin den Studenten vom Arbeiter unterscheiden«.[27] Wie am Strand kultivieren die Badegäste eine intime Anonymität, dank derer sie sich wechselseitig »ausgiebig beobachten« können.[28] Mag das Wechselspiel von Distanz und Nähe im Schwimmbad auch immer wieder Anlass zu Streit über die Bade- und Kleiderordnung, Sittlichkeit und Sexualmoral, den guten Ton und den wechselseitigen Respekt geben, erweist es sich zugleich als ein unverzichtbarer Ort, um die demokratische Tugend der ungeselligen Geselligkeit zu pflegen. Soziale Gegensätze und kulturelle Spannungen schrumpfen hier nicht zu ideologischen Gewissheiten. Konflikte bleiben konkret, so Kracauer, die widersprüchliche Wirklichkeit einer Gesellschaft der Gleichen ist sinnlich erfahrbar.[29] »Let's build bigger, and finer pools, that's real democracy«, verkündete 1939 ein Landrat in Allegheny County im Westen Pennsylvanias auf dem Höhepunkt des New Deal: »Take away the sham and hypocrisy of clothes, don a swim suit, and we're all the same.«[30]

Allein die Existenz eines kommunalen Schwimmbads sichert noch keine demokratische Ordnung und keine weltoffene Liberalität. Auch Diktaturen bauten *Volksschwimmhallen*, etwa das 1960 eröffnete, ganzjährig geöffnete Freibad *plawatelny bassein »Moskwa«*, dessen kreisförmiges Becken einen Durchmesser von knapp 130 Metern hatte, oder das 1981 in Berlin-Friedrichshain eingeweihte Sport- und Erholungszentrum. Doch in einem demokratischen Gemeinwesen gehört das kommunale Schwimmbad zu dem Ensemble von öffentlichen Orten und Räumen, in denen sich Bürgerinnen und Bürger begegnen können. Hierzu zählen Parks, Straßen und öffentliche Plätze, Stadtbibliotheken und staatliche

Museen, Kindergärten und Spielplätze, Jugendzentren und Sportanlagen, Schulen und Universitäten – Orte also, die nicht nur der Stadtbegrünung, dem Verkehr, der Fortbildung oder Erziehung dienen und zum Verweilen einladen, sondern eine »Bühne für soziale und politische Teilhabe« bieten.[31] Zusammen schaffen sie demokratische Erfahrungsräume, die allen die Chance bieten, Freiheit und Gleichheit im Alltag sinnlich zu erfahren. Dass vielerorts und gerade in finanzschwachen Städten wie Offenbach Schulen, Spielplätze und Parks seit langem in schlechtem Zustand sind, städtische Museen wie das Lehmbruck-Museum in Duisburg aus Geldmangel ihre Öffnungszeiten einschränken und Stadtbibliotheken ihr Angebot reduzieren oder Zweigstellen schließen, gefährdet zunehmend die Demokratie.[32]

In der Summe verkörpern diese öffentlichen Räume, Orte und Güter die Idee des bürgerlichen Gemeinwohls. Sie schaffen den Rahmen, der es den Bürgerinnen und Bürgern überhaupt ermöglicht, die Demokratie als Lebensform zu pflegen. Die Demokratie lebt vom politischen Gegensatz, ideologischen Kampf und moralischen Konflikt. Aber diese Auseinandersetzungen können ihre schöpferische Kraft nur entfalten, wenn wir die demokratische Allmende erhalten, in der wir den Streit aushalten können. Je mehr sich die Anzeichen einer Krise der Demokratie verdichten, desto deutlicher erweist es sich als Irrweg, dass in Zeiten leerer Kassen gerade jene Räume und Orte dem Rotstift zum Opfer fallen, die demokratische Erfahrungen und lebendige Vielfalt ermöglichen, den bürgerlichen Gemeinsinn und eine Kultur der Teilhabe, der Streitlust und der Zwietracht stärken.

Das Siechtum und die Mutationen der demokratischen Infrastruktur werden zur Gefahr für die liberale Demokratie, zunächst für die Lebensform, dann auch für die Herrschaftsform. Eine Demokratie, die nicht mehr bereit ist, diese öffentlichen Güter zu erhalten und demokratische Lebensformen zu pflegen, nimmt in Kauf, dass sich ihre sozialen und kulturellen Voraussetzungen schleichend auflösen. Wenn wir im öffentlichen Raum nur noch auf Effizienz und Leistung, Controlling und Bench-Marking schielen und öffentliche Güter privatisieren, weil die »unsichtbare Hand« des Marktes zu vermeintlich faireren Lösungen führt, geht uns das Gespür für die Demokratie als Lebensform verloren.[33] Gerade in Städten und Gemeinden zeigt sich: je »schlanker« der Staat, desto gefährdeter die liberale Demokratie. Die Demokratie als Herrschafts-, vor allem aber auch als Lebensform kostet Geld, ohne einen effektiven Steuerstaat ist sie kaum zu haben. Mehr als andere Herrschaftsformen braucht die Demokratie Orte der »gelebten Staatlichkeit«, Foren und Formen des bürgerlichen Mit- und Gegeneinanders.[34] Ohne sie hängt die Demokratie in der Luft. Wenn wir die demokratischen Erfahrungsräume nicht aufgeben wollen, die es uns ermöglichen, die Idee einer Gesellschaft der Freien und Gleichen mit Leben zu erfüllen, können wir uns das Siechtum unseres Gemeinwesens und den Verlust an öffentlichen Gütern nicht länger leisten.

Die Demokratie als Lebensform inhaltlich zu füllen und die Gestalt der demokratischen Allmende jeweils neu zu bestimmen, ist die Aufgabe der Demokratie. Wie die öffentlichen Orte und Räume konkret gestaltet werden, welche Erziehungsstile und welche Familienformen, welche Kindergärten und Schulen Wege zur Mündigkeit eröffnen, welche Form der ungeselligen Geselligkeit die demokratischen Tugenden stärkt, bleiben offene Fragen. Auch hier lebt die liberale Demokratie vom Streit. Jedes Gemeinwesen wird sie anders beantworten. Entscheidend ist, dass die Demokratie eine Form des Zusammenlebens ermöglicht, in dem alle Bürgerinnen und Bürger die Chance haben, sich als frei und gleich zu erfahren. Der Konflikt ist in einer liberalen Demokratie unvermeidlich. Ob die Zwietracht zu einem Klima des Hasses und der Angst führt oder die Demokratie immer aufs Neue belebt, ist aber eine Frage der Lebensform. Wer ein Gemeinwesen der Freien und Gleichen will, in dem alle ohne Angst verschieden sein können, wird den Streit nicht fürchten. Umso mehr gilt es, jene Räume und Umgangsformen zu pflegen, die es ermöglichen, Spannungen und Unterschiede auszuhalten. Wir leben in einer Demokratie, die Herrschafts- wie Lebensform ist. Es ist an uns, sie zu erhalten.

Anmerkungen

Einleitung: Eine Frage der Form

1 Eliane Glaser, Folk Politics. How Close to Death is Democracy?, in: *Times Literary Supplement*, 19. Januar 2019; Gideon Rose (Hg.), Is Democracy Dying? Themenheft, in: *Foreign Affairs* 97, H. 3, Mai/Juni 2018; Stein Ringen, Wealth and Democracy. Norway funds a massive political self-examination – and finds trouble for all, in: *Times Literary Supplement*, 13. Februar 2004, S. 3–5; Charles Maier, Democracy and Its Discontents, in: *Foreign Affairs* 73, H. 4, Juli/August 1994, S. 48–64; Adam Przeworski, *Crises of Democracy*, Cambridge 2019; Arjun Appadurai, Goodbye Citizenship, Hello »Statizenship«. Any Source of Citizenship which is Outside of the State has been Withering for Some Time in India, in: *The Wire*, 3. September 2019: https://thewire.in/rights/goodbye-citizenship-hello-statizenship; Charles Taylor, Democratic Degeneration. Three Easy Paths to Regression, in: *The Berlin Journal*, American Academy, November 2017: https://www.americanacademy.de/democratic-degeneration-three-easy-paths-regression/; Jan-Werner Müller, Is This Really How it Ends? Democracy's Midlife Crisis, in: *The Nation*, 6. Mai 2019; Martha Nussbaum, *Königreich der Angst. Gedanken zur aktuellen politischen Krise*, Darmstadt 2019; Nadia Urbinati, *Me the People. How Populism Transforms Democracy*, Cambridge 2019; Wendy Brown, *Die schleichende Revolution. Wie der Neoliberalismus die Demokratie zerstört*, Berlin 2018; Chantal Delsol/Giulio De Ligio/Stéphane Bauzon (Hg.), *La démocratie dans l'adversité. Enquête internationale*, Paris 2019; Ilvo Diamanti/Marc Lazar, *Peuplecratie. La métamorphose de nos démocraties*, Paris 2019; Ivan Krastev/Stephen Holmes, *Das erloschene Licht. Wie der Westen den Kalten Krieg gewonnen, aber den Frie-*

den verloren hat, Berlin 2019; Marcel Gauchet, Crise dans la démocratie, in: *La revue lacanienne* 2 (2008), H. 2, S. 59–72; Jean-Claude Kaufmann, *La fin de la démocratie. Apogée et déclin d'une civilisation*, Paris 2019; Adam Tooze, Democracy and Its Discontents, in: *New York Review of Books* 66, H. 10, 6. Juni 2019; David Runciman, *How Democracy Ends*, London 2018; Steven Levitsky/Daniel Ziblatt, *Wie Demokratien sterben. Und was wir dagegen tun können*, München 2018; Jan Bíba/Milan Znoj/Pavel Barša, *A Crisis of Democracy and Representation*, Prag 2017; Shalini Randeria/Ludger Hagedorn/Katharina Hasewend (Hg.), *Wenn Demokratien demokratisch untergehen*, Wien 2019; Hanna Ketterer/Karina Becker (Hg.), *Was stimmt nicht mit der Demokratie?* Berlin 2019; Heinrich Geiselberger (Hg.), *Die große Regression. Eine internationale Debatte über die geistige Situation der Zeit*, Berlin 2017; John Keane, *The Life and Death of Democracy*, New York 2009.

2 Albert O. Hirschman, On Democracy in Latin America, in: *New York Review of Books* 33, H. 6, 10. April 1986: »I submit that it is far more constructive to think about ways in which democracy may survive and become stronger *in the face and in spite of* a series of continuing adverse situations or developments.«

3 Ernst-Wolfgang Böckenförde, Demokratie als Verfassungsprinzip, in: Josef Isensee/Paul Kirchhof (Hg.), *Handbuch des Staatsrechts der Bundesrepublik Deutschland. Bd. II: Verfassungsstaat*, 3., völlig neubearbeitete und erweiterte Aufl., Heidelberg 2004, S. 429–496, Zitat: S. 482.

4 Leora Auslander, *Cultural Revolutions. The Politics of Everyday Life in Britain, North America and France*, Oxford 2009; Temma Kaplan, *Democracy. A World History*, Oxford 2015, S. 31–60; Robert R. Palmer, *The Age of the Democratic Revolution. A Political History of Europe and America, 1760–1800*, 2 Bde., Princeton 1959/1964; Joanna Innes/Mark Philp (Hg.), *Re-imagining Democracy in the Age of Revolutions. America, France, Britain, Ireland 1750–1850*, Oxford 2013; dies. (Hg.), Re-Imagining Democracy in the Mediterranean, 1780–1860, Oxford 2018; Jonathan Israel, *A Revolution of the Mind. Radical Enlightenment and the Intellectual Origins of Modern Democracy*, Princeton 2010; Laurent Dubois, *Avengers of the New World. The Story of the Haitian Revolution*, Cambridge 2004; Nick Nesbitt, *Universal Emancipation. The Haitian Revolution and the Radical Enlightenment*, Charlottesville 2008.

5 Jean-Jacques Rousseau, *Vom Gesellschaftsvertrag oder Grundsätze des Staatsrechts* [1762], hg. Hans Brockard, Stuttgart 2018, S. 76.

6 Vermutlich ist die von einem Delegierten aus Maryland überlieferte Anekdote fiktiv. Doch belegt sie, dass sich damals viele fragten, was für ein Gemeinwesen dank der Verfassung entstanden war; James McHenry. Diary, September 18, 1787. Manuscript. James McHenry Papers, Manuscript Division, Library of Congress (63.02.00) [Digital ID# us0063_02p1]: http://www.loc.gov/exhibits/creating-the-united-states/Constitution/Ratification/Assets/us0063_02p1_enlarge.jpg; siehe auch: Warren E. Burger, »A Republic, If You Can Keep It«. A Bicentennial Commentary, in: *Presidential Studies Quarterly* 18 (1988), H. 3, S. 467–473.

7 Sean Wilentz, *Chants Democratic. New York City and the Rise of the American Working Class, 1788–1850*, New York 1984; Patricia U. Bonomi, *A Factious People. Politics and Society in Colonial New York*, New York 1971; John L. Brooke, *Columbia Rising. Civil Life on the Upper Hudson from the Revolution to the Age of Jackson*, Chapel Hill 2010.

8 Werner Conze/Hans Maier/Christian Meier/Hans Leo Reimann, Demokratie, in: *Geschichtliche Grundbegriffe*, Bd. 1, Stuttgart 1972, S. 821–899. Laut Conze wurde der Begriff im Laufe des 20. Jahrhunderts zu »einem All-Begriff und damit potentiell zu einer ›Leerformel‹« (S. 899).

9 Art. Democratie, in: Johann Heinrich Zedler (Hg.), *Großes vollständiges Universal-Lexikon aller Wissenschaften und Künste*, Bd. 7, 1734, Sp. 524–527, Zitate: Sp. 524–525.

10 Art. Demokratie, in: Johann G. Krünitz (Hg.), *Oekonomische Encyklopädie oder allgemeines System der Staats- Stadt- Haus- und Landwirthschaft*, Bd. 9, 1776, Sp. 87–90, Zitate: Sp. 87–88.

11 Art. Demokratie, in: Hermann Wagener (Hg.), *Neues Conversations-Lexikon. Staats- und Gesellschafts-Lexikon*, Bd. 6, Berlin 1861, S. 97–112, Zitat: S. 97.

12 Ebd., S. 99.

13 Ebd., S. 100.

14 Ebd., S. 100–101.

15 Ebd., S. 110.

16 Ebd., S. 112.

17 Gefallenenrede des Perikles, in: Thukydides II 34–46, Geschichte des Peloponnesischen Krieges.

18 Adam Przeworski, Minimalist Conception of Democracy. A Defense, in:

Ian Shapiro/Casiano Hacker-Cordón (Hg.), *Democracy's Value*, Cambridge 1999, S. 23–55.

19 Martin Saar, Gegen-Politik. Zur Negativität der Demokratie, in: Thomas Khurana/Dirk Quadflieg/Francesca Raimondi/Juliane Rebentisch/Dirk Setton (Hg.), *Negativität. Kunst – Recht – Politik*, Berlin 2019, S. 281–292, Zitat: S. 284; ders., Heterogene Demokratie, in: *Philosophische Rundschau* 61 (2014), H. 3, S. 183–205; Henry S. Richardson, Art. Demokratie, in: Stefan Gosepath/Wilfried Hinsch/Beate Rössler (Hg.), *Handbuch der politischen Philosophie und Sozialphilosophie*, Bd. 1, Berlin 2008, S. 206–211.

20 Ino Augsberg/Karl-Heinz Ladeur (Hg.), *Politische Theologie(n) der Demokratie. Das religiöse Erbe des Säkularen*, Wien 2018, besonders auch Karl Löwith, *Weltgeschichte und Heilsgeschehen. Die theologischen Voraussetzungen der Geschichtsphilosophie*, Stuttgart 1953. Auf der Buchvorderseite der einflussreichsten Begründung des Multikulturalismus findet sich das um 1834 entstandene Gemälde »The Peacable Kingdom« von Edward Hicks, das dieses biblische Motiv aufnimmt; Will Kymlicka, *Multicultural Citizenship. A Liberal Theory of Minority Rights*, Oxford 1995.

21 Fritz W. Scharpf, *Demokratietheorie zwischen Utopie und Anpassung*, Konstanz 1970; Jakob Huber, Defying Democratic Despair. A Kantian Account of Hope in Politics, in: *European Journal of Political Theory*, Online-First, Mai 2019: https://doi.org/10.1177/1474885119847308.

22 E. M. Forster, What I Believe, in: *The Nation*, 16. Juli 1938; wieder in: ders., *Two Cheers for Democracy*, 1951; ND Harmondsworth 1972, S. 75–84, hier: S. 77–78.

23 Hans Kelsen, *Vom Wesen und Wert der Demokratie*, Tübingen 1920, S. 38. Zu Kelsen: Jens Hacke, *Existenzkrise der Demokratie. Zur politischen Theorie des Liberalismus in der Zwischenkriegszeit*, Berlin 2018, S. 218–232; Sandrine Baume, *Kelsen. Plaider la démocratie*, Paris 2007; Matthias Jestaedt/Oliver Lepsius, Der Rechts- und Demokratietheoretiker Hans Kelsen, in: Hans Kelsen, *Verteidigung der Demokratie. Abhandlungen zur Demokratietheorie*, Tübingen 2006, S. VII–XXIX, Nadia Urbinati/Carlo Invernizzi Accetti, Editor's Introduction, in: Hans Kelsen, *The Essence and Value of Democracy*, Lanham 2013, S. 1–25.

24 Kelsen, *Vom Wesen und Wert*, S. 36–37.

25 Ebd., S. 5.

26 Ebd., S. 9; im Anschluss an Kelsen: Böckenförde, Demokratie als Verfassungsprinzip, S. 452–453.

27 Joseph A. Schumpeter, *Kapitalismus, Sozialismus und Demokratie* [1942], 9. Aufl., Tübingen 2018, S. 365.

28 Adam Przeworski, *Democracy and the Market. Political and Economic Reforms in Eastern Europe*, Cambridge 1991, S. 13.

29 Josef Früchtl, Ein Sinn für Gemeinschaftlichkeit und Streit. Stanley Cavells Komödie der Demokratie, in: Eike Brock/Maria-Sibylla Lotter (Hg.), *Besser geht's nur in der Komödie. Cavell über die moralischen Register von Literatur und Film*, Freiburg 2019, S. 25–47, Zitat: S. 44.

30 John Dunn (Hg.), *Democracy. The Unfinished Journey 508 AD to 1993*, Oxford 1993.

31 Charles Taylor, *Modern Social Imaginaries*, Durham 2004; siehe auch Dilip Gaonkar, Toward New Imaginaries, in: *Public Culture* 14 (2002), H. 1, S. 1–19, John Grant, On the Critique of Political Imaginaries, in: *European Journal of Political Theory* 13 (2014), S. 408–426. Zu Taylor: Ulf Bohmann (Hg.), *Wie wollen wir leben? Das politische Denken und Staatsverständnis von Charles Taylor*, Baden-Baden 2014, Craig Browne/Andrew P. Lynch, *Taylor and Politics. A Critical Introduction*, Edinburgh 2018.

32 Charles Taylor, Demokratie und Ausgrenzung, in: *Eurozine*, 11. Juli 2000: https://www.eurozine.com/democratic-exclusion-and-its-consequences-2/?pdf. Das Original als: Democratic Exclusion and Its Remedies, in: ders., *Dilemmas and Connections. Selected Essays*, Cambridge 2010, S. 124–145.

33 Charles Taylor, In der Zukunft ankern. Wie können Demokratien mit der Angst ihrer Bürger vor Zuwanderern umgehen?, in: *Die Zeit*, Nr. 27, 23. Juni 2016.

34 Taylor, *Modern Social Imaginaries*, S. 23, 25.

35 Ernst-Wolfgang Böckenförde, Die Entstehung des Staats als Vorgang der Säkularisation [1967], in: ders., *Staat, Gesellschaft, Freiheit. Studien zur Staatstheorie und zum Verfassungsrecht*, Frankfurt/M. 1976, S. 42–64, Zitat: S. 60. Zu Böckenförde: Aline-Florence Manent, Democracy and Religion in the Political and Legal Thought of Ernst-Wolfgang Böckenförde, in: *Oxford Journal of Law and Religion* 7 (2018), S. 74–96; Hermann-Josef Große Kracht/Klaus Große Kracht (Hg.), *Religion – Recht – Republik. Studien zu Ernst-Wolfgang Böckenförde*, Paderborn 2014; Horst Dreier, *Staat ohne Gott. Religion in der säkularen Moderne*, München 2018, S. 189–213.

36 Ernst-Wolfgang Böckenförde, Demokratie als Verfassungsprinzip, in: Josef Isensee/Paul Kirchhof (Hg.), *Handbuch des Staatsrechts der Bundesre-*

publik Deutschland. Bd. II: Verfassungsstaat, 3., völlig neubearbeitete und erweiterte Aufl., Heidelberg 2004, S. 429–496, S. 434.

37 Ebd., S. 470.

38 Ebd., S. 482.

39 Ebd., S. 472–473.

40 Ebd., S. 474.

41 Volker Heins, *Der Skandal der Vielfalt. Geschichte und Konzepte des Multikulturalismus*, Frankfurt/M. 2013; James Tully, *Strange Multiplicity. Constitutionalism in an Age of Diversity*, Cambridge 1995; Iris M. Young, *Inclusion and Democracy*, Oxford 2000; George Kateb, *The Inner Ocean. Individualism and Democratic Culture*, Ithaca 1992; Isaiah Berlin, Zwei Freiheitsbegriffe, in: ders., *Freiheit. Vier Versuche*, Frankfurt/M. 1995, S. 197–256; Seyla Benhabib (Hg.), *Democracy and Difference. Contesting the Boundaries of the Political*, Princeton 1996.

42 Niccolò Machiavelli, *Discorsi. Staat und Politik*, hg. v. Horst Günther, 6. Aufl., Frankfurt/M. 2016, S. 28; hierzu: Gisela Bock, Civil Discord in Machiavelli's Istorie Fiorentine, in: dies./Quentin Skinner/Maurizio Viroli (Hg.), *Machiavelli and Republicanism*, Cambridge 1991, S. 181–201; J. G. A. Pocock, *The Machiavellian Moment. Florentine Political Thought and the Atlantic Republican Tradition*, 2. Aufl., Princeton 2003, S. 189, 194. Dass die »ungesellige Geselligkeit« der bürgerlichen Gesellschaft vor allem von der Zwietracht lebt, betonte dann auch Immanuel Kant; in der frühen Bundesrepublik hat daran vor allem Helmuth Plessner erinnert: ders., Ungesellige Geselligkeit. Anmerkungen zu einem Kantischen Begriff, in: Karl Dietrich Bracher (Hg.), *Die moderne Demokratie und ihr Recht. Fs. Gerhard Leibholz, Bd. 1: Grundlagen*, Tübingen 1966, S. 383–392; allgemein: ders., *Die Grenzen der Gemeinschaft. Eine Kritik des sozialen Radikalismus* (1924), Frankfurt 2002; Georg Simmel, Der Streit, in: ders., *Soziologie. Untersuchungen über die Formen der Vergesellschaftung*, Frankfurt/M. 1992, S. 284–382; Lewis A. Coser, *Theorie sozialer Konflikte*, Neuwied 1972; Helmut Dubiel, *Ungewissheit und Politik*, Frankfurt/M. 1994; Albert O. Hirschman, Social Conflicts as Pillars of Democratic Market Society, in: *Political Theory* 22 (1994), S. 203–218; Lizabeth Cohen, *Making A New Deal. Industrial Workers in Chicago, 1919–1939*, Cambridge 1990.

43 Früchtl, Ein Sinn für Gemeinschaftlichkeit und Streit, bes. S. 44, 47; Cynthia Willett, *Irony in the Age of Empire. Comic Perspectives on Democracy and Freedom*, Bloomington 2008.

44 Zit. nach: Nancy Rosenblum, *On the Side of the Angels. An Appreciation of Parties and Partisanship*, Princeton 2008, S. 121.

45 Simmel, *Soziologie*, S. 653.

46 Sidney Hook, Democracy as a Way of Life, in: *Southern Review* 4 (1938), H. 1, S. 45–57, Zitate S. 56. Dass die Demokratie als Lebensform vom Geist des Spiels lebt, betont auch Michael Walzer, Introduction: Radical Principles, in: ders., *Reflections of an Unreconstructed Democrat*, New York 1980, S. 3–19, S. 13: ekstatische Gemeinschaftserlebnisse sind der Demokratie fremd, sie setze aber »space and shelter« voraus, »to put our principles into play«. Als Gleichnis der demokratischen Lebensformen gilt Walzer daher Walt Whitmans Ode an die »Great City« im Gedichtzyklus »Song of the Broad-Axe« aus dem Jahre 1871; Walt Whitman, Song of the Broad-Axe, in: ders., Leaves of Grass, Washington 1871, S. 166–175, bes. S. 170–171; siehe auch Robert Haerdter, Heute Walt Whitman lesend, in: *Die Gegenwart. Eine Halbmonatsschrift* 13 (1958), Nr. 1, S. 20–21.

47 Hook, Democracy as a Way of Life, S. 56. Ausführlicher: John Dewey, *Demokratie und Erziehung* [1916], 3. Aufl., Braunschweig 1964; ders., *Die Öffentlichkeit und ihre Probleme*, Bodenheim 1996, ders., *Kunst als Erfahrung* [1934], Frankfurt/M. 1988; ders., Democracy, in: Richard P. McKeon (Hg.), *Democracy in a World of Tensions. A Symposium Prepared By Unesco*, Chicago 1951, S. 62–68; Jane Addams, *Democracy and Social Ethics* [1902], Chicago 2002; Amy Gutmann, *Democratic Education*, Princeton 1987.

48 Dass die politische Theorie des Pragmatismus auf ästhetische Erfahrung und Kreativität, statt auf wissenschaftliche Methode setzen solle, betonten in den vierziger Jahren bereits Kenneth Burke und Richard McKeon; Brad Baranowski, The Unending Conversation. Kenneth Burke and Richard McKeon's Aesthetic Pragmatism, 1920–1960, in: *Modern Intellectual History* 15 (2018), S. 153–184.

49 Das hat vor allem Albert Hirschman betont, siehe ders., On Democracy in Latin America, in: *New York Review of Books* 33, H. 6, 10. April 1986. Als die Freie Universität Berlin ihm im Dezember 1988 die Ehrendoktorwürde verlieh, mahnte Hirschman das Publikum, den Blick vor allem auf die »micro-foundations« der Demokratie zu richten; ders., Berlin Festvortrag, 21. November 1988, Box 54, f. 7, Albert O. Hirschman Papers, Princeton University Library; zit. nach: Jeremy Adelman, *Worldly Philosopher. The Odyssey of Albert O. Hirschman*, Princeton 2013, S. 619.

50 Mark Mazower, *Der dunkle Kontinent. Europa im 20. Jahrhundert*, Frankfurt/M. 2002; Konrad H. Jarausch/Michael Geyer, *Zerbrochener Spiegel. Deutsche Geschichte im 20. Jahrhundert*, Berlin 2005; Tony Judt, *Geschichte Europas von 1945 bis zur Gegenwart*, München 2006; James J. Sheehan, *Kontinent der Gewalt. Europas langer Weg zum Frieden*, München 2008; Daniel Fulda/Dagmar Herzog/Stefan-Ludwig Hoffmann/Till van Rahden (Hg.), *Demokratie im Schatten der Gewalt. Geschichten des Privaten im deutschen Nachkrieg*, Göttingen 2010.

51 Martin Conway, The Rise and Fall of Western Europe's Democratic Age 1945–1973, in: *Contemporary European History* 13 (2004), S. 67–88, hier: S. 88; ders. Democracy in Western Europe after 1945, in: Jussi Kurunmäki/Jeppe Nevers/Henk te Velde (Hg.), *Democracy in Modern Europe. A Conceptual History*, New York 2018, S. 231–256; Mark Lilla, The Other Velvet Revolution. Continental Liberalism and Its Discontents, in: *Daedalus* 123 (1994), H. 2, S. 129–157; Iser Wolloch, *The Postwar Moment. Progressive Forces in Britain, France, and the United States after World War II*, New Haven 2019; Geoff Eley, What Produces Democracy? Revolutionary Crises, Popular Politics and Democratic Gains in 20th-Century Europe, in: Mike Haynes/Jim Wolfreys (Hg.), *History and Revolution. Refuting Revisionism*, London 2007, S. 172–201; Jan-Werner Müller, *Das demokratische Zeitalter. Eine politische Ideengeschichte Europas im 20. Jahrhundert*, Berlin 2013; Sheri Berman, *Democracy and Dictatorship in Europe. From the Ancien Régime to the Present Day*, New York 2019; exemplarisch: Nina Verheyen, *Diskussionslust. Zur Kulturgeschichte des »besseren Arguments« in Westdeutschland 1945–1973*, Göttingen 2010; Susanne Schregel, *Der Atomkrieg vor der Wohnungstür. Eine Politikgeschichte der neuen Friedensbewegung in der Bundesrepublik, 1970–1985*, Frankfurt/M. 2011; Bernhard Gotto, *Enttäuschung in der Demokratie. Erfahrung und Deutung von politischem Engagement in der Bundesrepublik Deutschland während der 1970er und 1980er Jahre*, Berlin 2018. Das breite Spektrum von konkurrierenden Demokratievorstellungen in der unmittelbaren Nachkriegszeit und der Frühphase des Kalten Krieges dokumentiert Richard P. McKeon (Hg.), *Democracy in a World of Tensions. A Symposium Prepared By Unesco*, Chicago 1951; die offizielle Sicht in einer »Volksdemokratie« erläutert Gerhard Haney, *Demokratie – ein Begriff und seine Wahrheit*, Berlin 1973.

52 Francis Fukuyama, The End of History?, in: *The National Interest* 16 (1989), S. 3–18.

53 Die Kapitel II, III und IV beruhen auf Aufsätzen, die in *German History*, in den *Zeithistorischen Forschungen* und in *WestEnd. Neue Zeitschrift für Sozialforschung* erschienen sind. Für dieses Buch wurden sie grundlegend überarbeitet.

I. Demokratie als Lebensform

1 Hierzu: Gerhard Leibholz, Der Begriff der freiheitlichen demokratischen Grundordnung und das Bonner Grundgesetz, in: *Deutsches Verwaltungsblatt* 66 (1951), S. 554–558, ders., Freiheitliche demokratische Grundordnung, in: *Schicksalsfragen der Gegenwart*. Bd. 5, S. 18–29; sowie Christoph Gusy, Die »freiheitliche demokratische Grundordnung« in der Rechtsprechung des Bundesverfassungsgerichts, in: *Archiv des öffentlichen Rechts* 105 (1980), H. 2, S. 279–310; zuletzt Sarah Schulz, *Die freiheitliche demokratische Grundordnung. Ergebnis und Folgen eines historisch-politischen Prozesses*, Weilerswist 2019.

2 Das Grundgesetz kennt nur die Begriffe der »Lebensgrundlage« bzw. der »Lebensverhältnisse«.

3 Hans Kelsen, Vom Wesen und Wert der Demokratie [2. Aufl. 1929], in: ders., *Verteidigung der Demokratie. Abhandlungen zur Demokratietheorie*, ausgew. und hrsg. von Matthias Jestaedt und Oliver Lepsius, Tübingen 2006, S. 149–228, Zitate: S. 153.

4 Bernard Crick, *Democracy. A Very Short Introduction*, Oxford 2002, S. 8. Saddam Hussein, *On Democracy*, Köln 2013 [zuerst 1977].

5 Sidney Hook, Die große Frage unserer Zeit, in: *Neue Auslese. Aus dem Schrifttum der Gegenwart* 2 (1947), Nr. 10, S. 102–107, Zitat: S. 102; Gerhard Leibholz, Freiheitliche demokratische Grundordnung, in: *Schicksalsfragen der Gegenwart. Handbuch politisch-historischer Bildung, Bd. 5, Lebensbereiche und Lebensordnungen*, hg. vom Bundesministerium für Verteidigung. Innere Führung, Tübingen 1960, S. 18–29, hier: S. 19; Hans Kelsen, Foundations of Democracy, in: *Ethics* 66 (1955), S. 1–101, Zitat: S. 32. Dass Leibholz' Beobachtung zutrifft, belegen u. a. die Lemmata »Demokratie«, in: *Meyers Lexikon*, 8. Aufl., Bd. 2, Leipzig 1937, Sp. 907–910, Benito Mussolini, La Dottrina del Fascismo, in: *Enciclopedia Italiana*, Bd. 14 (1932), S. 847–851.

6 Ingeborg Maus, *Justiz als gesellschaftliches Über-Ich. Zur Position der Rechtsprechung in der Demokratie*, Berlin 2018.

7 Hierzu etwa Sean A. Forner, *German Intellectuals and the Challenge of Democratic Renewal. Culture and Politics after 1945*, Cambridge 2014; Jens Hacke, *Philosophie der Bürgerlichkeit. Die liberalkonservative Begründung der Bundesrepublik*, Göttingen 2006; Clemens Albrecht/Günter C. Behrmann/Michael Bock, Harald Homann/Friedrich H. Tenbruck (Hg.), *Die intellektuelle Gründung der Bundesrepublik. Eine Wirkungsgeschichte der Frankfurter Schule*, Frankfurt/M. 2000; Marcus Payk, *Der Geist der Demokratie. Intellektuelle Orientierungsversuche im Feuilleton der frühen Bundesrepublik: Karl Korn und Peter de Mendelssohn*, München 2008, Matthew G. Specter, *Habermas. An Intellectual Biography*, Cambridge 2010.

8 In der umfangreichen Literatur zur europäischen Ideengeschichte des 20. Jahrhunderts spielt die Idee der Demokratie als Lebensform keine große Rolle. Bei Jan-Werner Müller, *Das demokratische Zeitalter. Eine politische Ideengeschichte Europas im 20. Jahrhundert*, Berlin 2013, wird sie gar nicht erwähnt; in Jussi Kurunmäki/Jeppe Nevers/Henk te Velde (Hg.), *Democracy in Modern Europe. A Conceptual History*, New York 2018, findet sich der Begriff an zwei Stellen, ohne dass er dort ausführlich erörtert würde (bei Marcus Llanque, S. 193, und Martin Conway, S. 241); bei Hacke, *Existenzkrise der Demokratie*, 2018, auf S. 82, 323, 390f. Die Rede von der Demokratie als Lebensform speist sich aus eklektischen Quellen: das Denken von Montesquieu (L'esprit des lois, Buch 19) und Tocqueville, die politische Philosophie Humes, Kants, Deweys und Hooks, das aristotelische Denken Sternbergers sowie die Demokratietheorie Rousseaus (Gesellschaftsvertrag, III, 4).

9 *Die deutsche Gemeinde. Wesen und Wandel einer demokratischen Wirklichkeit*/[Red.: Willi Nerlich und Harry Goetz] (Zahlenbilder aus Politik, Wirtschaft, Kultur), Berlin 1955, Zitate: S. 5, 7. Das Lehrbuch erschien bereits vier Jahre später in der fünften Auflage.

10 Joseph A. Schumpeter, *Kapitalismus, Sozialismus und Demokratie*, 9. Aufl., Tübingen 2018, S. 366 [zuerst 1942].

11 Adam Przeworski, *Democracy and the Market. Political and Economic Reforms in Eastern Europe and Latin America*, New York 1991, S. 13.

12 Michael Geyer, Der Kalte Krieg, die Deutschen und die Angst. Die westdeutsche Opposition gegen Wiederbewaffnung und Kernwaffen, in: Klaus Naumann (Hg.), *Nachkrieg in Deutschland*, Hamburg 2001, S. 267–

318; Frank Biess, *Republik der Angst. Eine andere Geschichte der Bundesrepublik*, Reinbek 2019.

13 Michael Geyer, Die eingebildete Heimkehr. Im Schatten der Niederlage, in: Daniel Fulda/Dagmar Herzog/Stefan-Ludwig Hoffmann/Till van Rahden (Hg.), *Demokratie im Schatten der Gewalt. Geschichten des Privaten im deutschen Nachkrieg*, Göttingen 2010, S. 72–96, Zitat: S. 75.

14 Dolf Sternberger, Vaterland, in: Herbert Burgmüller (Hg.), *Klärung der Begriffe. Beiträge zur Neuordnung der Werte*, München 1947, S. 206–229.

15 Marie Luise Kaschnitz, Vom Ich, in: dies., *Menschen und Dinge 1945. 12 Essays*, ND, Frankfurt/M. 1995, S. 7–15, Zitat: S. 14.

16 Karl Heinz Bohrer, *Jetzt. Geschichte meines Abenteuers mit der Phantasie*, Berlin 2017, S. 330.

17 Max Drechsel, 85:63 für Demokratie, in: *Mittelbayerische Zeitung*, 2. Dezember 1947, Nr. 96, S. 1.

18 Theodor Heuss, Um Deutschlands Zukunft (18. März 1946), in: ders., *Aufzeichnungen 1945–1947*, aus dem Nachlaß hg. und mit einer Einleitung versehen von Eberhard Pikart, Tübingen 1966, S. 184–208, hier: S. 207. Theodor Heuss, Rede in Heilbronn beim Richtfest des Rathauses auf dem Marktplatz (16.9.1950), in: Stadtarchiv Heilbronn, Signatur ZS 10743. Heuss hatte den Begriff der »Demokratie als Lebensform« zuerst 1919 als Schlusskapitel einer Broschüre »Die neue Demokratie« verwendet (Joachim Radkau, Theodor Heuss, München 2013, S. 131); allgemein Andreas Wirsching, Demokratie als »Lebensform«. Theodor Heuss (1884–1963), in: Bastian Hein u. a. (Hg.), *Gesichter der Demokratie. Porträts zur deutschen Zeitgeschichte*, München 2012, S. 21–35.

19 Julius Posener, *In Deutschland 1945 bis 1946. Kommentierte Ausgabe mit einem Nachwort von Alan Posener*, Berlin 2001, S. 55.

20 Karl Gerold, Fahrten und Gespräche. Tagebuch-Skizzen von einer Reise durch Deutschland, in: *Du. Kulturelle Monatsschrift* 6 (1946), Nr. 2, Februar 1946, S. 45–47, Zitate: S. 46.

21 Hans-Peter Schwarz, Die ausgebliebene Katastrophe. Eine Problemskizze zur Geschichte der Bundesrepublik, in: Hermann Rudolph (Hg.), *Den Staat denken. Theodor Eschenburg zum Fündundachtzigsten*, Berlin 1990, S. 151–174, Zitat: S. 154.

22 Erich Kästner, Heinrich Heine und wir (1956), in: ders., *Gesammelte Schriften*, Bd. 5, Köln 1959, S. 529f., Zitat: S. 530.

23 Allein 1959 verzeichnete die *Bibliographie der deutschen Zeitschriftenlitera-*

tur gut fünfzig Aufsätze über Fragen der demokratischen Kultur, Gesinnung und Lebensform, 1955 waren es 35 Aufsätze; ebd., Bd. 118, 119 (1959); Bd. 111, 112 (1955).

24 Schwarz, Die ausgebliebene Katastrophe, S. 155. Ein Befund, der Ernst Forsthoffs These, es mangele der Bundesrepublik an einer »theoretischen Konstruktion«, zwar nicht widerlegt, aber doch relativiert; ders., Ernst Forsthoff, Die Bundesrepublik Deutschland. Umrisse einer Realanalyse, in: *Merkur. Deutsche Zeitschrift für Europäisches Denken* 14 (1960), H. 151, S. 807–821, hier: S. 808.

25 Robert Tillmanns, Die politische Verantwortung des Einzelnen. Demokratie ist nichts anderes als die Frage an nach dem Lebensstil eines Volkes, in: *Die Tabak-Zeitung* 66 (1956), Nr. 15, S. 8; ders., dass., in: *Bulletin des Presse- und Informationsdienstes der Bundesregierung*, 4. April 1956, Nr. 63, S. 599f., sowie als Die politische Verantwortung des Einzelnen, in: *Robert Tillmanns. Eine Lebensleistung*, hrsg. v. Hermann Brügelmann/Klaus Simon (Schriftenreihe d. Hermann-Ehlers-Gesellschaft), Stuttgart 1956, S. 137–143, Zitate: S. 142f.

26 Ludwig Salisco, Wächter der Demokratie [Leitartikel], in: *Passauer Neue Presse*, 11. Oktober 1949, Nr. 116, S. 1f., Zitate: S. 2. Siehe: Ein hervorragender Pädagoge und gütiger Mensch. Zum Tode des Hauptlehrers i. R. Ludwig Salisco, in: *Passauer Neue Presse*, 10. März 1965, Nr. 57, S. 9.

27 Heinz Lossen/Günther Voigt, Demokratie als lebendiger Prozess, in: *Die Parole. Illustrierte Zeitschrift für den Bundesgrenzschutz* 4 (1954), Nr. 7, S. 3.

28 Heinz Lossen/Günther Voigt, Die Demokratie und ihre Feinde, in: *Die Parole. Illustrierte Zeitschrift für den Bundesgrenzschutz* 4 (1954), Nr. 8, S. 3f.

29 Die Redensart »Democracy Begins at Home« findet sich zunächst in amerikanischen Debatten über die Bedeutung der Familie für eine demokratische Erziehung, etwa bei Henry F. Cope, ein baptistischer Theologe, der 1870 in London geboren wurde, aber 1893 in die USA auswanderte (ders., *Education for Democracy*, New York 1920, S. 109; siehe auch Dorothy Hall, Democracy Begins at Home, in: *The Journal of Higher Education* 11 (1940), Nr. 7, S. 360–362; sowie der zweiteilige Schwerpunkt »Democracy Begins at Home«, in: *Common Ground*, Winter 1943, sowie ebd., Summer 1943, S. 65–109). Während des New Deal ist sie auch von der Bürgerrechtsbewegung, besonders der NAACP, aufgegriffen worden (*The Crisis*, Bd. 46, 1939, Nr. 2, S. 49; Nr. 5, S. 142; Nr. 11, S. 339).

30 *Protokoll der Verhandlungen des Außerordentlichen Parteitages der Sozialdemokratischen Partei Deutschlands, Bad Godesberg, 13.–15. November 1959,* Hannover 1959, S. 103. Allgemein: Helga Grebing/Dietmar Süß (Hg.), *Waldemar von Knoeringen 1906–1971. Ein Erneuerer der deutschen Sozialdemokratie,* 2 Bde., Berlin 2006.

31 Waldemar von Knoeringen, Kulturpolitik als Staatspolitik (1958), in: ders., *Reden und Aufsätze,* München 1981, S. 59–69, Zitat: S. 66.

32 Waldemar von Knoeringen/Peter Glotz, *Mobilisierung der Demokratie. Ein Beitrag zur Demokratiereform,* München 1966, S. 180.

33 Waldemar von Knoeringen, Mehr Gerechtigkeit [1962], in: ders., *Reden und Aufsätze,* München 1981, S. 97–100, Zitat: S. 100. Allgemein zum Begriff des Kulturstaates: Dieter Gosewinkel, *Adolf Arndt. Die Wiederbegründung des Rechtsstaats aus dem Geist der Sozialdemokratie 1945–1961,* Bonn 1991, S. 547f.; Gerhard Robbers, Kulturstaatliche Aspekte der öffentlichen Meinung. Zu einigen Grundkategorien im Werk Hermann Hellers, in: Christoph Müller/Ilse Staft (Hg.), *Der soziale Rechtsstaat. Gedächtnisschrift für Hermann Heller 1891–1933,* Baden-Baden 1985, S. 413–425. Exemplarisch: Adolf Arndt, *Demokratie als Bauherr* (Anmerkungen zur Zeit 6), Berlin 1961.

34 Waldemar von Knoeringen, Das Demokratiegespräch. Wie soll es weitergehen?, in: *Der Vorwärts,* 15. Juni 1966.

35 Erich Rosenthal-Pelldram, Die geistigen Grundlagen der Demokratie, in: *Vorträge gehalten anläßlich der Hessischen Hochschulwochen für Staatswissenschaftliche Fortbildung, 6. bis 12. März 1960,* Bd. 30, Bad Homburg v. d. H. 1961, S. 7–28, Zitate: S. 23, 25.

36 Hans Peters, Art. Demokratie, in: *Staatslexikon. Recht, Wirtschaft, Gesellschaft,* 6., völlig neu bearbeitete und erweiterte Aufl., Bd. 2, Freiburg: Herder, 1958, Sp. 560–594, hier: Sp. 562. Zu den »ethischen Erfordernissen« der Demokratie, siehe ebd., Sp. 569.

37 Arnold Bergsträsser, Art. Staatsformen, in: *Religion in Geschichte und Gegenwart. Handwörterbuch für Theologie und Religionswissenschaft,* 3. Aufl., Bd. 6, Tübingen 1962, Sp. 307–314, Zitate: Sp. 313. Im Literaturverzeichnis auf S. 314 fehlen Hans Kelsen, Vom Wesen und Wert, sowie CJ Friedrich, Demokratie als Herrschafts- und Lebensform.

38 Etwa bei Kurt Sontheimer, Art. Demokratie, in: *Evangelisches Soziallexikon,* 4. Aufl., 1962, S. 252; Klaus von Beyme, Art. Demokratie, in: *Sowjetsystem und demokratische Gesellschaft,* Bd. 1, Freiburg 1966, Sp. 1155.

39 Ekkehart Krippendorff, Demokratie als Staats und Lebensform, in: *Neue politische Literatur* 5 (1960), Sp. 403–412, Zitate: Sp. 410, 412.

40 Carl Joachim Friedrich, *Demokratie als Herrschafts- und Lebensform*. Studien zur Politik Bd. 1, Heidelberg 1959, Zitate: S. 36, 45.

41 Karl Dietrich Bracher, Staatsbegriff und Demokratie in Deutschland, in: *Politische Vierteljahresschrift* 9 (1968), H. 1, S. 2–27, hier: S. 17, 24; siehe auch Christian Graf von Krockow, Staatsideologie oder demokratisches Bewusstsein. Die deutsche Alternative, in: *Politische Vierteljahresschrift* 6 (1965), H. 2, S. 118–131. Beide polemisierten gegen die 1962 gegründete Zeitschrift *Der Staat*, die sich als »Stätte der Staatsbesinnung« verstand, nachdem der Staat »zerredet worden« sei (Bd 1, 1962, S. 1).

42 Von hierarchischer zu demokratischer Lebensform. Gewerkschaftler beim Seminar der Evangel.-Lutherischen Kirche, in: *Passauer Neue Presse*, 2. Dezember 1964, Nr. 279, S. 6. Verweise auf ähnliche Denkfiguren finden sich auch in zeitgenössischen Lexika etwa bei Klaus von Beyme, Art. Demokratie, in: *Sowjetsystem und demokratische Gesellschaft*, Bd. 1, Freiburg 1966, Sp.1135f., dort freilich unter dem Begriff der »Demokratisierung der Gesellschaft«: Es genüge nicht, „demokratische Strukturen in der Staatsspitze zu analysieren. Die Lebensfähigkeit der Demokratie hängt davon ab, wie stark die wichtigsten Bereiche des gesellschaftlichen Lebens durchdemokratisiert sind. (Sp. 1136).

43 Carlo Schmid, Die Demokratie als Lebensform, in: *Mannheimer Hefte*, Jg. 1970, H. 1, S. 8–12, Zitate: S. 11f.

44 Willy Brandt, Skandinavische Demokratie, in: *Das sozialistische Jahrhundert*, 2. Jg., 1948, S. 161f.; ders., Weitergeführte Demokratie, in: *Der Monat* 1. Jg., 1949, II, H. 5, S. 29–33; allgemein: Jens Hacke, »Mehr Demokratie wagen«. Zur Karriere einer Zauberformel, in: *Mittelweg 36*, 25 (2016), H. 3, S. 5–28; Gustav Heinemann, Was heißt Demokratie? in: *Kirche in der Zeit* 6 (1951), Nr. 13–14, S. 165; ders., dass., in: *Die Stimme der Gemeinde. Monatsschrift der Bekennenden Kirche* 3 (1951), Nr. 6, S. 1–2.

45 Dagegen ging die Historiografie zu Achtundsechzig lange davon aus, erst die Neue Linke habe »the prevailing notion of democracy as a form of state and government [...] confined only to regular elections« infrage gezogen; Ingrid Gilcher-Holtey, Political Participation and Democratization in the 1960s. The Concept of Participatory Democracy and its Repercussions, in: Jussi Kurunmäki/Jeppe Nevers/Henk te Velde (Hg.), *Democracy in*

Modern Europe. A Conceptual History, New York 2018, S. 257–280, hier: S. 258.

46 Ebd., S. 260f., 268.

47 Die Ausnahme unter der Neuen Linken bildet Oskar Negt, der an älteren emanzipatorischen Ideen festhielt und weiterhin von der Demokratie als Lebensform sprach; ders., *Der politische Mensch. Demokratie als Lebensform*, 2. Aufl., Göttingen 2011, sowie ders., Demokratie als Lebensform. Mein Achtundsechzig, in: *Aus Politik und Zeitgeschichte*, Jg. 2008, Nr. 14/15, März 2008, S. 3–8.

48 Die Neigung, sich in öffentlichen Debatten nur mit jenen auseinanderzusetzen, mit denen man sich einer Meinung wusste, statt sich auf das direkte Streitgespräch mit dem Gegner einzulassen, wurde dann zum Kennzeichen der Bundesrepublik; dies betonten früh Tenbruck und Galtung (siehe Kap. III, S. 63–65).

49 Hartmut von Hentig, Demokratisierung, in: Hans Jürgen Schultz (Hg.), *Politik für Nichtpolitiker. Ein ABC zur aktuellen Diskussion*, Stuttgart 1969; ND München 1972, S. 86–99, hier: S. 86.

50 Günther van Norden, Demokratisierung. Zur Klärung eines Begriffs, in: *Liberal. Beiträge zur Entwicklung einer freiheitlichen Ordnung* 14 (1972), H. 5, S. 338–347, Zitat: S. 339.

51 Hermann Kalinna, Art. Demokratie II. Theologisch, in: *Evangelisches Staatslexikon*, 2. vollständig und neubearbeitete Aufl., Stuttgart 1975, Sp. 371–374, Zitate: Sp. 374.

52 Wilhelm Hennis, Demokratisierung. Zur Problematik eines Begriffs (1970), wieder, in: ders., *Die mißverstandene Demokratie. Demokratie – Verfassung – Parlament. Studien zu deutschen Problemen*, Freiburg 1973, S. 26–51, 147–154, hier: S. 51; und weiter: »Man kann – und warum sollte man nicht – in Schulen, Universitäten, Wirtschaftsbetrieben, Zeitungsredaktionen, Krankenhäusern usw. die Formen des menschlichen Miteinander ändern, sie freier, auch ihre rechtlichen ›Strukturen‹ weniger hierarchisch gestalten. Für Anhörung, Mitwirkung, auch Mitbestimmung, sollte, wo immer es möglich ist, Raum gegeben werden. Nur ›demokratisch‹ läßt sich all die nicht legitimieren.« (ebd., S. 47). Schelsky begriff die Idee der »Demokratisierung« als einen »totalen Herrschaftsanspruch ›von unten‹«, der die etablierten Formen der demokratischen »Gleichgewichtssysteme« bedrohe; ders., *Die Arbeit machen die anderen. Klassenkampf und Priesterherrschaft der Intellektuellen*, Opladen 1975, S. 36.

53 Ernst-Wolfgang Böckenförde, Die Bedeutung der Unterscheidung von Staat und Gesellschaft im demokratischen Sozialstaat der Gegenwart, in: ders., *Staat, Gesellschaft, Freiheit. Studien zur Staatstheorie und zum Verfassungsrecht,* Frankfurt/M. 1976, S. 185–220, Zitat: S. 199 (zuerst in: Fs. Wolfgang Hefermehl, Stuttgart 1972).

54 Claus Offe, Neukonservative Klimakunde. Eine Auseinandersetzung mit Wilhelm Hennis, in: *Merkur. Deutsche Zeitschrift für Europäisches Denken* 32 (1978), H. 358, S. 209–225, hier: S. 210.

55 Richard Bäumlin, Art. Demokratie I. Juristisch, in: *Evangelisches Staatslexikon,* 3., neu bearbeitete Aufl., hg. v. Hermann Kunst/Roman Herzog/Klaus Schlaich/Wilhelm Schneemelcher, Bd. 1, Stuttgart 1987, Sp. 458–469, hier: Sp. 469.

56 Dies übersehen Paul Nolte, *Was ist Demokratie? Geschichte und Gegenwart,* München 2012, S. 352–353, Christian Geyer, Demokratie als Lebensform wird von Staats wegen nicht verlangt. Kein Herbergsvater des Gemeinwesens: Zum Tod von Ernst-Wolfgang Böckenförde, dem Rechtsgelehrten und Bundesverfassungsrichter, in: *Frankfurter Allgemeine Zeitung,* 27. Februar 2019.

57 Francis Fukuyama, The End of History? in: *The National Interest* 16 (1989), S. 3–18; John L. Comaroff/Jean Comaroff, Postcolonial Politics and Discourses of Democracy in Southern Africa: An Anthropological Reflection on African Political Modernities, in: *Journal of Anthropological Research* 53 (1997), H. 2, S. 123–146: »Democracy has become to *Homo politicus* what shopping has long been to Homo *economicus* a sacred, cosmic fusion of free will and righteous human satisfaction« (S. 125).

58 Eliane Glaser, Folk Politics. How close to death is democracy?, in: *Times Literary Supplement,* 19. Januar 2019; Stein Ringen, Wealth and Democracy. Norway funds a massive political self-examination – and finds trouble for all, in: *Times Literary Supplement,* 13. Februar 2004, S. 3–5; Bonnie Honig, *Public Things. Democracy in Disrepair,* New York 2017; Michael Sandel, *Was man für Geld nicht kaufen kann. Die moralischen Grenzen des Marktes,* Berlin 2012; Wolfgang Streeck, Der alltägliche Kommunismus. Eine neue Ökonomie für eine neue Linke, in: *Blätter für deutsche und internationale Politik,* Jg. 2019, H. 6, S. 93–105.

II. Unbeholfene Demokraten

1 Mark Mazower, *Der dunkle Kontinent. Europa im 20. Jahrhundert,* Frankfurt/M. 2002, S. 10; Hans Mommsen, Der lange Schatten der untergehenden Republik. Zur Kontinuität politischer Denkhaltungen von der späten Weimarer Republik zur frühen Bundesrepublik, in: Karl Dietrich Bracher/Manfred Funke/Hans-Adolf Jacobsen (Hg.), *Die Weimarer Republik 1918–1933,* Bonn 1987, S. 552–586, bes. S. 553.

2 Charles Maier, Democracy since the French Revolution, in: John Dunn (Hg.), *Democracy. The Unfinished Journey,* Oxford 1992, S. 125–154; Marcel Gauchet, *L'avènement de la démocratie,* 4 Bde., Paris 2007–2017; Leela Gandhi, *The Common Cause. Postcolonial Ethics and the Practice of Democracy, 1900–1955,* Chicago 2014; Paolo Flores D'Arcais, *Die Demokratie beim Wort nehmen,* Berlin 2004, S. 16.

3 Mazower, *Der dunkle Kontinent;* Julian Jackson, *France. The Dark Years 1940–1944,* Oxford 2001; Tim Müller/Adam Tooze (Hg.), *Normalität und Fragilität. Demokratie nach dem Ersten Weltkrieg,* Hamburg 2015. Zeitgenössische Stimmen: Harold J. Laski, *Democracy in Crisis,* Chapel Hill 1935; Moritz Julius Bonn, *The Crisis of European Democracy,* New Haven 1925.

4 Michael Geyer/John W. Boyer, Resistance against the Third Reich as Intercultural Knowledge, in: dies. (Hg.), *Resistance against the Third Reich, 1933–1990,* Chicago 1994, S. 7–9; Victoria Kahn/Neil Saccamano/Daniela Coli (Hg.), *Politics and the Passions, 1500–1850,* Princeton 2006; Steven Lukes, *Moral Relativism,* New York 2008; ders., Moral, in: *Political Concepts. A Critical Lexicon online:* https://www.politicalconcepts.org/moral-steven-lukes/.

5 Stephen K. White, Reason, Modernity, and Democracy, in: ders. (Hg.), *The Cambridge Companion to Habermas,* Cambridge 1995, S. 3–16, hier: S. 6 (Zitat im Zitat: Jürgen Habermas, *Erkenntnis und Interesse,* Frankfurt/M. 1968, S. 344).

6 Meines Wissens benutzte Habermas die Wendung »zwangloser Zwang des besseren Arguments« zuerst in seinen »Vorbereitenden Bemerkungen zu einer Theorie der kommunikativen Kompetenz«, in: Jürgen Habermas/Niklas Luhmann, *Theorie der Gesellschaft oder Sozialtechnologie,* Frankfurt/M. 1971, S. 137.

7 Michael Rosen, Utopia in Frankfurt, in: *Times Literary Supplement,* 8. Ok-

tober 1999, S. 3f. Das Ausmaß, in dem »Habermas' work situates itself in the particularities of the German situation since the 1940s«, betont Max Pensky, Universalism and the Situated Critic, in: White (Hg.), *The Cambridge Companion*, S. 67–94, Zitat S. 67.

8 David Hume, *Ein Traktat über die menschliche Natur*, Hamburg 2013, Buch III, Teil I, Abschnitt 2, S. 211f.; in meiner Lesart Humes folge ich besonders Annette C. Baier, *Moral Prejudices. Essays on Ethics*, Cambridge, MA 1994.

9 Hume, *Traktat*, S. 274f.

10 David Hume, »Der Ursprung von Rechtsordnung und Eigentum«, in: *Ein Traktat über die menschliche Natur*, Buch III, Teil II, Abschnitt 2, S. 227–245, hier: S. 232f.

11 Judith Shklar, *Der Liberalismus der Furcht*, Berlin 2013, S. 26–66, hier: S. 33f.; dies., Putting Cruelty First, in: *Daedalus* 111 (1982), H. 3, S. 17–27; Isaiah Berlin, Zwei Freiheitsbegriffe, in: ders., *Freiheit. Vier Versuche*, Frankfurt/M. 1995, S. 197–256.

12 Shklar, *Der Liberalismus der Furcht*, S. 43.

13 Sidney Hook, Democracy as a Way of Life, in: John N. Andrews/Carl A. Marsden (Hg.), *Tomorrow in the Making*, New York 1939, S. 31–46, hier: S. 42–43.

14 Steven Connor, Honour bound?, in: *Times Literary Supplement*, 5. Januar 1996, S. 24–26; Konrad Ott, *Moralbegründungen. Zur Einführung*, Hamburg 2005, S. 7.

15 Siegfried Kracauer, *Geschichte. Vor den letzten Dingen*, Berlin 2009, S. 72; siehe auch Johann Gustav Droysen, Historik: Die Vorlesungen von 1857, in: ders., *Historik. Historisch-kritische Ausgabe*, hg. von Peter Leyh, Stuttgart 1977, S. 107–108.

16 Zum Stalinismus siehe die Veröffentlichungen von Sheila Fitzpatrick, Jochen Hellbeck, Stephen Kotkin, Karl Schlögel und Yuri Slezkine; zu Vichy Robert Gildea, *Marianne in Chains. In Search of the German Occupation, 1940–1945*, London 2002; zum NS: Raphael Gross, *Anständig geblieben. Nationalsozialistische Moral*, Frankfurt/M. 2010; Claudia Koonz, *The Nazi Conscience*, Cambridge, MA 2003; Alon Confino, Fantasies about the Jews. Cultural Reflections on the Holocaust, in: *History & Memory* 17 (2005), H. 1–2, S. 296–322; 85.000 Exemplare erschienen bis 1942 von Georg Usadel, *Zucht und Ordnung. Grundlagen einer nationalsozialistischen Ethik*, Hamburg 1935.

17 Confino, Fantasies about the Jews, S. 300.

18 Ganz neu ist diese Einsicht nicht. »Seit einem halben Jahrhundert«, notierte Helmuth Plessner 1962, »erlebt die in Staaten zerklüftete Welt eine Epoche, die, wollte man sie als Rückfall in die Barbarei bezeichnen, gewissermaßen noch eine vorgeschichtliche oder frühgeschichtliche Unschuldsmiene aufgesetzt bekäme. Die Greuel der Massenvernichtung und der Hexensabbat der Konzentrationslager können kaum als Regression begriffen werden«. Helmuth Plessner, Die Emanzipation der Macht, in: ders., *Macht und menschliche Natur: Gesammelte Schriften, Bd. 5*, Frankfurt/M. 1981, S. 259–282, hier: S. 280. Der Aufsatz erschien zuerst in Heinz Haller u.a., *Von der Macht.* Hannoversche Beiträge zur politischen Bildung, Bd. 2, Hannover 1962, S. 7–25.

19 George Kateb, Introduction. Individual Rights and Democratic Individuality, in: ders., *The Inner Ocean. Individualism and Democratic Culture*, Ithaca 1992, S. 1–35; Volker Heins, *Der Skandal der Vielfalt. Geschichte und Konzepte des Multikulturalismus*, Frankfurt/M. 2013; James Tully, *Strange Multiplicity. Constitutionalism in an Age of Diversity*, Cambridge 1995.

20 Immanuel Kant, Idee zu einer allgemeinen Geschichte in weltbürgerlicher Absicht (1784), in: ders., *Schriften zur Ästhetik und Naturphilosophie: Text und Kommentar*, hg. v. Manfred Frank und Véronique Zanetti, Bd. 1, Frankfurt/M. 2001, S. 321–338, hier: S. 325–326.

21 Theodor W. Adorno, Melange, in: ders., *Minima Moralia. Reflexionen aus dem beschädigten Leben*, Frankfurt/M. 1951; ND Berlin 2001, S. 185.

22 Dan Diner, Zivilisationsbruch – oder der Verfall ontologischer Gewissheit, in: Ulrich Bielefeld (Hg.), *Gesellschaft – Gewalt – Vertrauen. FS Jan Philipp Reemtsma*, Hamburg 2012, S. 458–470.

23 Konrad Adenauer, Brief an Pastor Dr. Bernhard Custodis, 23. Februar 1946, in: ders., *Briefe 1945–1947.* Rhöndorfer Ausgabe, bearbeitet von Hans Peter Mensing, Berlin 1985, S. 172–173.

24 Lord Acton, Inaugural Lecture on the Study of History, 1906; zit. nach: Jonathan Glover, *Humanity. A Moral History of the Twentieth Century*, New Haven 2001, S. 1.

25 Theodor W. Adorno, *Probleme der Moralphilosophie*, Frankfurt/M. 1996, S. 248.

26 Tadeusz Borowski, The January Offensive (1948), in: ders., *This Way for the Gas, Ladies and Gentlemen*, Harmondsworth 1976, S. 164–168, hier: S. 164–165.

27 Borowski, The January Offensive, S. 168.

28 Hannah Arendt, *Über das Böse. Eine Vorlesung zu Fragen der Ethik*, München 2006, S. 11.

29 Ebd., S. 15, 17.

30 Die folgenden Zitate ebd., S. 42, 44–45.

31 Jan-Werner Müller, A European Constitutional Patriotism? On Memory, Militancy, and Morality, in: ders., *Constitutional Patriotism*, Princeton 2007, S. 15.

32 Mark Lilla, The Other Velvet Revolution: Continental Liberalism and Its Discontents, in: *Daedalus* 123 (1994), S. 129–157; die Formulierung »demokratischer Moment« verweist auf Philip Nord, *The Republican Moment. Struggles for Democracy in Nineteenth-Century France*, Cambridge 1995.

33 Klaus Harpprecht, Die Lust zur Normalität, in: *Magnum. Zeitschrift für das moderne Leben*, H. 29, April 1960, S. 17–19, hier: S. 18; siehe auch Reinhard Mohr, Total normal? Der Streit zwischen Martin Walser und Ignatz Bubis wühlt die Nation auf, in: *Der Spiegel*, 30. November 1998, Nr. 49, S. 40–47.

34 Ruth O'Brien, Foreword, in: David Marquand, *The End of the West. The Once and Future Europe*, Princeton 2011, S. XI.

35 Natalie Zemon Davis, The Quest for Michel de Certeau, in: *New York Review of Books* 55, H. 8, 15. Mai 2008.

36 Axel Schildt, *Ankunft im Westen. Ein Essay zur Erfolgsgeschichte der Bundesrepublik*, Frankfurt/M. 1999; Hans-Ulrich Wehler, *Deutsche Gesellschaftsgeschichte Bd. 5: Bundesrepublik und DDR 1949–1990*, München 2008; Edgar Wolfrum, *Die geglückte Demokratie. Geschichte der Bundesrepublik von ihren Anfängen bis zur Gegenwart*, Stuttgart 2006.

37 Zu Remigranten etwa Marjorie Lamberti, Returning Refugee Political Scientists and America's Democratization Program in Germany after the Second World War, in: *German Studies Review* 31 (2008), S. 263–284; Margrit Seckelmann/Johannes Platz (Hg.), *Remigration und Demokratie in der Bundesrepublik nach 1945*, Bielefeld 2017.

38 Amos Elon, *In einem heimgesuchten Land. Reise eines israelischen Journalisten in beide deutsche Staaten*, München 1966, S. 26f. Zur Entstehung siehe ders., Ein Gespräch mit Amos Elon – 20 Jahre danach, in: ders., *In einem heimgesuchten Land. Berichte aus beiden Deutschland*, Nördlingen 1988, S. 389–397. Elon erwähnt darin »zahlreiche Rezensionen, fast ausschließlich positive«; beispielhaft Peter Hemmerich, Mich interessiert nur Karl

Schmidt: Das Deutschlandbild eines Israeli, in: *Die Zeit*, 18. November 1966. Georges-Arthur Goldschmidt empfand seine Besuche in der Bundesrepublik in den frühen sechziger Jahren als eine »ethnologische Reise«. Er »sah, wie sich das Land entwickelte. Jeder war nun Demokrat geworden, mit dem gleichen guten Willen, wie die Vorgänger, an der Universität ganz besonders, Nazis gewesen waren.« Goldschmidt, *Über die Flüsse. Autobiographie*, Frankfurt/M. 2003, S. 396.

39 Das Zitat nur in der englischsprachigen Ausgabe: Amos Elon, *Journey Through a Haunted Land. The New Germany*, New York 1967, S. 74.

40 Elon, *In einem heimgesuchten Land*, S. 36.

41 Theodor Heuss, Um Deutschlands Zukunft (18. März 1946), in: *Heuss, Aufzeichnungen 1945–1947*, hg. von Eberhard Pikart, Tübingen 1966, S. 184–208, hier: S. 189–190, 193, 207.

42 Jürgen Habermas, Die Bundesrepublik – eine Wahlmonarchie?, in: Alfred Neven Dumont (Hg.), *Woher – Wohin. Bilanz der Bundesrepublik*, Magnum, Sonderheft 1961, S. 26–29, hier: S. 29. Golo Mann, Deutsche und Juden, in: *Deutsche und Juden. Beiträge von Nahum Goldmann u.a.*, Frankfurt/M. 1967, S. 49–69, hier: S. 69.

43 Paul Betts, Manners, Morality, and Civilization: Reflections on Postwar German Etiquette Books, in: Frank Biess/Robert G. Moller (Hg.), *Histories of the Aftermath. The Legacies of the Second World War in Europe*, New York 2010, S. 196–214, hier: S. 197.

44 Foreword, in: Institute of Education, University of London, and Teachers College, Columbia University, New York (Hg.), *The Yearbook of Education* (1948), S. VI. Allgemein Christoph Führ/Carl-Ludwig Furck (Hg.), *Handbuch der deutschen Bildungsgeschichte, Bd. 6,1. 1945 bis zur Gegenwart – Bundesrepublik Deutschland*, München 1998; Sonja Levsen, *Autorität und Demokratie. Eine Kulturgeschichte des Erziehungswandels in Westdeutschland und Frankreich, 1945–1975*, Göttingen 2019.

45 Karl Borgmann, Völker werden aus Kinderstuben. Um die rechte Ordnung in der Familie, in: *Frau und Mutter. Monatsschrift für die katholische Frau in Familie und Beruf* 35 (1952), S. 4–5.

46 Wolfgang Edelstein war so freundlich, mich im Juli 2009 während einer Reihe von Gesprächen in Berlin mit der Geschichte des Instituts zwischen seiner Gründung 1963 und den späten siebziger Jahren vertraut zu machen. Laut Edelstein spiegelte der auf die Moralentwicklung gerichtete Fokus des Instituts die große Sorge um die Lebensfähigkeit der liberalen

Demokratie nach dem »Zivilisationsbruch«; siehe auch Dietrich Goldschmidt, Unter der Last des Holocaust 1945–1989. Entsetzen, Trauer, bemühter Neuanfang, in: *Neue Sammlung*, 29 (1989), S. 145–160; *In Memoriam Dietrich Goldschmidt: Reden auf der Akademischen Trauerfeier am 16. Oktober 1998*, Berlin 1999. Allgemein Philipp Wagner, Das Mitbürgerliche und das Staatsbürgerliche. Politische Bildung, Bürgerlichkeit und Demokratie im Westdeutschland der 1940er und 1950er Jahre, in: Manfred Hettling/Richard Pohle (Hg.), *Bürgertum. Bilanzen, Perspektiven, Begriffe*, Göttingen 2019, S. 263–296.

47 Zur Kulturgeschichte der deutschen Außenpolitik: Johannes Paulmann, *Die Haltung der Zurückhaltung. Auswärtige Selbstdarstellungen nach 1945 und die Suche nach einem erneuerten Selbstverständnis in der Bundesrepublik*, Bremen 2006.

48 Karl Markus Michel, Muster ohne Wert: Westdeutschland 1965, in: Michel, *Die sprachlose Intelligenz*, Frankfurt/M. 1968, S. 63–124, hier: S. 72. Siehe auch Michael Rutschkys Essay, *Reise durch das Ungeschick und andere Meisterstücke*, Zürich 1990.

49 Michael Geyer/Miriam Hansen, German-Jewish Memory and National Consciousness, in: Geoffrey Hartman (Hg.), *Holocaust Remembrance. The Shape of Memory*, Cambridge 1994, S. 175–190; Hans Dieter Schäfer, *Das gespaltene Bewusstsein. Vom Dritten Reich bis zu den langen Fünfziger Jahren*, Göttingen 2009; Frank Stern, *Im Anfang war Auschwitz. Antisemitismus und Philosemitismus im deutschen Nachkrieg*, Gerlingen 1991; Atina Grossmann, *Jews, Germans, and Allies. Close Encounters in Occupied Germany*, Princeton 2007.

50 M. Rainer Lepsius, Parteiensystem und Sozialstruktur. Zum Problem der Demokratisierung der deutschen Gesellschaft (1966), in: ders., *Demokratie in Deutschland. Soziologisch-historische Konstellationsanalysen*, Göttingen 1993, S. 25–50, Zitat: S. 49.

51 Helmuth Plessner, Wir fragten: Inwiefern hat die Bundesrepublik ihre Erwartungen erfüllt oder nicht? in: Dumont (Hg.), *Woher, Wohin. Bilanz der Bundesrepublik*, S. 20. Dieser Text findet sich nicht in Plessners Gesammelten Schriften.

52 Leo Löwenthal/Siegfried Kracauer, *»In steter Freundschaft«. Briefwechsel 1921–1966*, Springe 2003, S. 212 (Hervorhebungen im Original).

53 Friedrich H. Tenbruck, Alltagsnormen und Lebensgefühle in der Bundesrepublik, in: Richard Löwenthal/Hans-Peter Schwarz (Hg.), *Die zweite*

Republik. 25 Jahre Bundesrepublik Deutschland – eine Bilanz, Stuttgart 1974, S. 288–310, hier: S. 305f. Zur »politesse« siehe Henri Bergson, *La politesse et autres essais,* Paris 2008.

54 Stephan Schlak, *Wilhelm Hennis. Szenen einer Ideengeschichte der Bundesrepublik,* München 2008; Stefan Müller-Dohm, *Adorno. Eine Biographie,* Frankfurt/M. 2003; *Ernst Jünger – Joseph Wulf. Der Briefwechsel 1962–1974,* hg. v. Anja Keith/Detlev Schöttker, Frankfurt/M. 2019.

55 Johan Galtung, Deductive Thinking and Political Practice. An Essay on Teutonic Intellectual Style, in: ders., *Papers on Methodology. Essays in Methodology,* Bd. 2, Kopenhagen 1979, S. 194–209, 274–351 (deutsch überarbeitet als: Struktur, Kultur und intellektueller Stil. Ein vergleichender Essay über sachsonische, teutonische, gallische und nipponische Wissenschaft, in: *Leviathan* 11 (1983), S. 303–338.

56 Henri Bergson, La Politesse (1892), in: ders., *La Politesse,* S. 23. Siehe auch Clifford Geertz, The Uses of Diversity, in: ders., *Available Light. Anthropological Reflections on Philosophical Topics,* Princeton 2000, S. 68–88, bes. S. 87; Keith Thomas, *In Pursuit of Civility. Manners and Civilization in Early Modern England,* New Haven 2018; Teresa M. Bejan, *Mere Civility. Disagreement and the Limits of Toleration,* Cambridge 2017; Rainer Forst, *Toleranz im Konflikt. Geschichte, Gehalt und Gegenwart eines umstrittenen Begriffs,* Frankfurt/M. 2003.

57 Christoph Möllers, *Demokratie – Zumutungen und Versprechen,* Berlin 2008, S. 115.

III. Das Lächeln der Verfassungsrichterin

1 Vater und Mutter sollen gemeinsam entscheiden, in: *Frankfurter Allgemeine Zeitung,* 30. Juli 1959, Nr. 173, S. 1.

2 *Entscheidungen des Bundesverfassungsgerichts,* Bd. 10, Tübingen 1960, S. 59.

3 Ebd., S. 74, 75.

4 Ebd., S. 84. Zum Verhältnis von elterlicher Gewalt und dem Vormundschaftsgericht in den sechziger Jahren siehe: Wolfram Müller-Freienfels, *Ehe und Recht,* Tübingen 1962, S. 105–106, Georg Scheffler: § 1627 BGB, in: ders./Karl E. Meyer, *Das Bürgerliche Gesetzbuch mit besonderer Berück-*

sichtigung der Rechtssprechung des Reichsgerichts und des Bundesgerichtshofes, Bd. 4. Familienrecht, 10. und 11. Aufl., Berlin 1964, S. 931–934. Die infolge des Urteils des Bundesverfassungsgerichts geschaffene Rechtslage galt bis zum 1.1.1980, als das »Gesetz zur Neuregelung der elterlichen Sorge« vom 18.7.1979 in Kraft trat. Siehe Günther Beitzke, *Familienrecht. Ein Studienbuch*, 26. Aufl., München 1992, S. 289.

5 Paul Wilhelm Wenger, Vaterlose Gesellschaft, in: *Rheinischer Merkur*, 7. August 1959, Nr. 32, S. 1.; siehe auch Otto Gritschneder, Verfrühter Suffragettenjubel. Übersehenes im Gleichberechtigungsurteil, in: *Rheinischer Merkur*, 14. August 1959, Nr. 33, S. 2; sowie: Summum jus ..., in: *Deutsche Tagespost*, 31. Juli 1959.

6 Vgl. Robert G. Moeller, *Geschützte Mütter. Frauen und Familien in der westdeutschen Nachkriegspolitik*, Frankfurt/M. 1997; Elizabeth Heineman, *What Difference Does a Husband Make? Women Standing Alone and the Changing Meaning of Marital Status in Germany, 1933–1961*, Berkeley 1999.

7 Moeller, *Geschützte Mütter*, S. 337.

8 Konrad Zweigert, Erna Scheffler. 80 Jahre, in: *Juristenzeitung* 28 (1973), S. 605.

9 Erhard Lange, Dr. Erna Scheffler, geb. Friedenthal (1893–1983). Eine Breslauerin – erste Richterin am Bundesverfassungsgericht, in: *Jahrbuch der Schlesischen Friedrich-Wilhelms-Universität zu Breslau* 42–44 (2001–2003), S. 560.

10 Erna Scheffler, Referat auf dem 38. Deutschen Juristentag, in: *Gleichberechtigung als Verfassungsauftrag. Eine Dokumentation zur Entstehung des Gleichberechtigungsgesetzes vom 18. Juni 1957*, Düsseldorf 1996, S. 128–134; Kritik einer Bundesrichterin am Gleichberechtigungsgesetz, in: *Die Neue Zeitung*, 30. Januar 1953.

11 Zweigert, Erna Scheffler, S. 605.

12 Theodor Ritterspach, Erinnerungen an die Anfänge des Bundesverfassungsgerichts, in: Eckart Klein (Hg.), *Grundrechte, soziale Ordnung und Verfassungsgerichtsbarkeit. FS Ernst Benda*, Heidelberg 1995, S. 203–204.

13 Scheffler an Lüders, Bundesarchiv Koblenz, NL Marie-Elisabeth Lüders 151/226; zit. nach: *Gleichberechtigung als Verfassungsauftrag*, Dok. Nr. 70, S. 497, Fn. 4.

14 Lange, *Dr. Erna Scheffler*, S. 572, Fn. 202.

15 Gespräch mit Wolfram Müller-Freienfels (Freiburg, 26. Januar 2005), dem

ich hiermit für seine Bereitschaft danke, mir über die Hintergründe des Urteils Auskunft zu geben; siehe auch Wolfram Müller-Freienfels, Equality of Husband and Wife in Family Law, in: *International and Comparative Law Quarterly* 8 (1959), S. 249–267; ders., Kernfragen des Gleichberechtigungsgesetzes, in: *Juristenzeitung* 12 (1957), S. 685–696; sowie ders.: *Ehe und Recht*, S. 103–106.

16 Dass hierin eine empfindliche Einschränkung einer emanzipatorischen Geschlechterpolitik lag, war Frauenrechtlerinnen wie Erna Scheffler dabei durchaus bewusst; siehe dies. *Die Stellung der Frau in Familie und Gesellschaft im Wandel der Rechtsordnung seit 1918*, Frankfurt/M. 1970, S. 29–31.

17 Marie-Elisabeth Lüders, *Fürchte Dich nicht. Persönliches und Politisches aus mehr als achtzig Jahren 1878–1962*, Opladen 1963, S. 56, 188–189.

18 Siegfried Boschan, *Europäisches Familienrecht. Ein Handbuch*, 3. Aufl., Berlin 1963; Art 213 C.c. zit. nach: Alan MacDonald, The French Law of Marriage and Matrimonial Rights, in: *International and Comparative Law Quarterly* 1 (1952), S. 323.

19 Boschan, *Europäisches Familienrecht*, S. 317, 324; Müller-Freienfels, *Ehe und Recht*, S. 103.

20 Max von Brück, Männer und Frauen sind gleichberechtigt. Die geplante Reform des Familienrechts, in: *Die Gegenwart. Eine Halbmonatsschrift* 7 (1952), Nr. 18, S. 556.

21 Pater familias dethroned in Germany. Equal Rights for Mothers, in: *The Times*, 30. Juli 1959; Pflicht zur Verständigung, in: *Frankfurter Rundschau*, 30. Juli 1959, Nr. 173, S. 3.

22 Heddy Neumeister, Der integrierte Vater, in: *Frankfurter Allgemeine Zeitung*, 30. Juli 1959, Nr. 173, S. 1.

23 Ilse Elsner, Das letzte Wort, in: *Die Welt*, 30. Juli 1959, Nr. 174, S. 3; Das Machtwort des Vaters ... und die perfekte Gleichberechtigung – Urteil des BVG, in: *Die Zeit*, 7. August 1959, Nr. 32, S. 4; Fritz Richert, Gleichberechtigte Mütter, in: *Deutsche Zeitung mit Wirtschaftszeitung*, 30. Juli 1959, Nr. 99, S. 1.

24 Annemarie Endres, Vater und Mutter entscheiden gemeinsam, in: *Süddeutsche Zeitung*, 1./2. August 1959, Nr. 183; siehe auch: Kein Stichentscheid des Vaters mehr, in: *Süddeutsche Zeitung*, 30. Juli 1959, Nr. 181, S. 3; sowie Hans Schuster, Elternrecht – nicht Vaterrecht, in: *Süddeutsche Zeitung*, 6. August 1959.

25 Günther Beitzke, Die elterliche Gewalt nach dem Urteil des Bundesverfassungsgerichts, in: *Juristische Rundschau* 1959, S. 405; Erna Scheffler, Referat auf dem 38. Deutschen Juristentag, in: *Gleichberechtigung als Verfassungsauftrag*, S. 133.

26 Emmy Engel-Hansen, Gleichberechtigung und Stichentscheid des Vaters, in: *Soziale Arbeit* 8 (1959), S. 531; Engel-Hansens Kritik am Gleichberechtigungsgesetz findet sich in dies.: Gleichberechtigungsgesetz und Praxis, in: *Soziale Arbeit* 7 (1958), S. 289–294.

27 Statt vieler Julius Schwoerer, Zur Frage der Wirksamkeit von Alleinvertretungsakten des Vaters in der Zeit der Scheinherrschaft des Paragraphen 1629, Abs. 1 BGB n. F., in: *Der Wirtschaftstreuhänder* 13 (1960), S. 1419–1423; Dölle, *Familienrecht*, S. 145f.

28 Karl Borgmann: Der ›Stichentscheid‹ des Vaters ist aufgehoben, in: *Caritas. Zeitschrift für Caritasarbeit und Caritaswissenschaft* 60 (1959), S. 262–266.

29 Urteil des OLG Karlsruhe vom 2. Oktober 1961, in: *Die Justiz. Amtsblatt des Justizministeriums Baden-Württemberg* 11 (1962), S. 80–81; eine positive Bilanz zog früh eine Vormundschaftsrichterin: Anna Endres, *Generalklausel Lebensgemeinschaft. Zum neuen Ehe- und Familienrecht*, Nürnberg 1960, S. 83–85.

30 Volker Berghahn, Recasting Bourgeois Germany, in: Hanna Schissler (Hg.), *The Miracle Years. A Cultural History of West Germany, 1949–1968*, Princeton 2001, S. 326.

31 Elisabeth Noelle/Erich Peter Neumann (Hg.), *Jahrbuch der öffentlichen Meinung 1947–1955*, Allensbach 1956, S. 138–142. Siehe auch: Hans-Peter Schwarz, Die ausgebliebene Katastrophe. Eine Problemskizze zur Geschichte der Bundesrepublik, in: Hermann Rudolph (Hg.), *Den Staat denken. Theodor Eschenburg zum Fündundachtzigsten*, Berlin 1990, S. 151–174, bes. S. 154–155.

32 Julius Posener, *In Deutschland 1945 bis 1946*, Berlin 2001, S. 55.

33 Felix Schottlaender, Freiheit, in: Herbert Burgmüller (Hg.), *Klärung der Begriffe. Beiträge zur Neuordnung der Werte*, München 1947, S. 103–116.

34 Ders., *Zwang und Freiheit. Ein Versuch über die Entstehung des Terrors in Deutschland*, Stuttgart 1946, S. 32, 34, 43.

35 Arnd Bauerkämper, Remigranten als Akteure von Zivilgesellschaft und Demokratie. Historiker und Politikwissenschaftler in Westdeutschland

nach 1945, in: ders. (Hg.), *Die Praxis der Zivilgesellschaft*, Frankfurt/M. 2003, S. 345.

36 Autorität, in: Wilhelm Hehlmann (Hg.), *Wörterbuch der Pädagogik*, 4., vollständig neubearbeitete Aufl., Stuttgart 1953, S. 33; Autorität, in: Wilhelm Hehlmann (Hg.), *Wörterbuch der Pädagogik*, 3. durchgesehene und ergänzte Aufl., Stuttgart 1942, S. 25.

37 Cornelius Adalbert von Heyl, Art. Autorität, in: *Evangelisches Soziallexikon*, 4. Aufl., Stuttgart 1963, Sp. 129–131.

38 Heinz-Dietrich Wendland, Art. Partnerschaft, in evangelischer Sicht, in: ebd., Sp. 960f. Dieses Lemma ebenso wie jene über »Autorität« und »Demokratie« sucht man in der ersten Auflage des *Evangelischen Soziallexikons* (Stuttgart 1954) vergeblich.

39 Elisabeth Kamm, Sind Männer so geschaffen? Der Stichentscheid und die Gleichberechtigung, in: *Die Zeit*, 14. März 1957, Nr. 11, S. 21–22.

40 Johanna Dreßler, Zeitgemäßes Familienrecht, in: *Haus und Heim. Monatsschrift für Hauswirtschaft u. Heimgestaltung* 6 (1957), H. 3, S. 1–5, Zitate: S. 2, 4. Die genannten Artikeltitel entstammen dem Inhaltsverzeichnis desselben Heftes.

41 Hildegard Krüger/Ernst Breetzke/Kuno Nowack, *Gleichberechtigungsgesetz*, München 1958; zit. nach: Gleichberechtigung. Die Zukunft der Notare, in: *Der Spiegel*, 9. Juli 1958, Nr. 28, S. 26.

42 Lange, Dr. Erna Scheffler, S. 560.

43 Albert Ziegler, *Das natürliche Entscheidungsrecht des Mannes in Ehe und Familie*, Heidelberg 1958, S. 269.

44 Hildegard Krüger, Von Natur zum Gehorchen verurteilt? Gegen eine allzu männliche Begründung des männlichen Entscheidungsrechtes, in: *Frankfurter Hefte* 14 (1959), S. 497–505, Zitate: S. 502, 505.

45 Luise Berthold an Hertha Ilk (FDP), in: *Informationen für die Frau*, Jg. 1957, Nr. 2, S. 6–7.

46 Die inzwischen angewachsene Forschung zur Politik der Erinnerung in den fünfziger Jahren scheint mir die Bedeutung dieser Themen in den öffentlichen Kontroversen über die unmittelbare Vorgeschichte der Bundesrepublik zu unterschätzen; statt vieler Susan Neiman, *Learning from the Germans. Race and the Memory of Evil*, New York 2019 und Aleida Assmann, *Das neue Unbehagen an der Erinnerungskultur. Eine Intervention*, München 2013; dass der Nationalsozialismus »tot«, also Geschichte, sei, betonte 1956 etwa der Mitherausgeber der *Gegenwart* Michael

Freund. Umso dringlicher sei es, sich vor Augen zu führen, dass »Leichengift [...] gefährlich« sein kann; ders., Ist der Nationalsozialismus tot? in: *Die Gegenwart. Eine Halbmonatsschrift* 11 (1956), Nr. 16, S. 493–494, Zitat: S. 494.

47 Karl Borgmann: Völker werden aus Kinderstuben. Um die rechte Ordnung in der Familie, in: *Frau und Mutter* 35 (1952), H. 1, S. 4–5.

48 R. Sailer: Demokratie beginnt in der Familie, in: *Der Männer-Seelsorger* 2 (1952), Nr. 1, S. 26.

49 Ehrfurcht vor dem Vater. Mein Sohn sagt »Otto« zu mir, in: *Mann in der Zeit* 5 (1952), Nr. 11.

50 Fritz Göttler, Westdeutscher Nachkriegsfilm. Land der Väter, in: Wolfgang Jacobsen/Anton Kaes/Hans Helmut Prinzler (Hg.), *Geschichte des deutschen Films*, Stuttgart [2]2004, S. 167–206.

51 *Wenn der Vater mit dem Sohne*. Bundesrepublik Deutschland, 1955. Regie Hans Hans Quest, 16:31–16:56.

52 Markus Höffer-Mehlmer, *Elternratgeber. Zur Geschichte eines Genres*, Baltmannsweiler 2003, S. 227–235.

53 Vor allem John Gillis hat darauf hingewiesen, dass diese »ideale Familie«, die sich aus Mythen, Ritualen und Bildern zusammensetzt, weitaus stabiler sei als die »fragmentarische und vorübergehende ... reale Familie«. Ders., *Mythos Familie. Auf der Suche nach einer eigenen Lebensform*, Weinheim 1997, S. 11.

54 Ernst Heimeran, *Der Vater und sein erstes Kind*, München 1992, S. 50. Einen Eindruck von Heimerans journalistischer Tätigkeit bietet sein Nachlass in der Handschriftenabteilung des Deutschen Literaturarchivs, Marbach.

55 Ebd., S. 68.

56 Benjamin Spock, *Dein Kind – dein Glück*, Stuttgart 1952, S. 17.

57 Oscar Forel, *Einklang der Geschlechter. Sexuelle Fragen in unserer Zeit*, Zürich 1955, S. 219–220.

58 Hansmartin Lochner/Robert Svoboda (Hg.), *Ohne Vater geht es nicht*, o. O. [Hamm, Westfalen] 1961, S. 4.

59 Der wiederkehrende Vater, in: *Zwischen Dom und Zechen*. Beilage zum »Mann in der Zeit«, Mai 1961, Nr. 5.

60 Karl P. Lukaschek (Hg.), *Gute Väter – frohe Kinder*, o. O. [Münster/Westf.] o. J. [1961], S. 32.

61 Rudolf Rüberg, *Vater oder Familienfunktionär? Lichtbildreihe zum Thema »Ehe und Familie«*, München 1964, S. 3; die folgenden Zitate finden sich

ebenda, S. 16, 19; ähnlich Hubert Scheidgen, Das Vaterbild in der Krise, in: *Das Reich der Landfrau. Mitteilungen der deutschen Landwirtschafts-Gesellschaft* 81, H. 23, 9. Juni 1966, S. 185.

62 Walter Becker, Das neue Bild des Vaters, in: *Ruf ins Volk* 15 (1963), S. 27–28.

63 *Entscheidungen des Bundesverfassungsgerichts,* Bd. 10, Tübingen 1960, S. 84–85.

64 Helmut Ridder, Männer und Frauen sind gleichberechtigt. Ein Plädoyer, in: Karl Dietrich Bracher (Hg.), *Die moderne Demokratie und ihr Recht. Fs. Gerhard Leibholz, Bd. 2: Staats- und Verfassungsrecht,* Tübingen 1966, S. 219–236, Zitat: S. 236.

65 Ebd., S. 233, 229 (Hervorhebung im Original).

66 Ebd., S. 235; Zitat im Zitat: Bernhard Häring, *Soziologie der Familie. Die Familie und ihre Umwelt,* Salzburg 1954, S. 84, 82.

67 Fritz Richert, Gleichberechtigte Mütter, in: *Deutsche Zeitung mit Wirtschaftszeitung,* 30. Juli 1959, Nr. 99, S. 1; Heddy Neumeister, Der integrierte Vater, in: *Frankfurter Allgemeine Zeitung,* 30. Juli 1959, Nr. 173, S. 1.

68 Hans im Bild [d.i. Hans Zehrer]: Oh mein Papa, in: *Bild,* 31. Juli 1959, Nr. 175, S. 2.

69 Hans Dölle, *Familienrecht. Darstellung des deutschen Familienrechts mit rechtsvergleichenden Hinweisen,* Bd. 1, Karlsruhe 1964, S. 20.

70 Erna Scheffler, Ehe und Familie, in: Karl August Bettermann/Hans Carl Nipperdey/Ulrich Scheuner (Hg.), *Die Grundrechte. Handbuch der Theorie und Praxis der Grundrechte,* Bd. 4., Grundrechte und institutionelle Garantien, Berlin 1960, S. 262–263; Wilhelm Hennis, Der sozialdemokratische Kronjurist, in: *Frankfurter Allgemeine Zeitung,* 14. November 1991.

71 Scheffler, Ehe und Familie, S. 263 (Zitat im Zitat: Alexander Rüstow, *Ortsbestimmung der Gegenwart,* Bd. 3, S. 510, 523).

72 Dolf Sternberger, *Autorität, Freiheit und Befehlsgewalt,* Tübingen 1959, S. 4–5.

73 Ebd., S. 12, 14.

74 Ebd., S. 23, 20.

75 Kaspar Maase, Establishing Cultural Democracy. Youth, »Americanization«, and the Irresistible Rise of Popular Culture, in: Hanna Schissler (Hg.), *Miracle Years,* S. 428–450; Maria Höhn, *GIs and Fräuleins. The German-American Encounter in 1950s West Germany,* Chapel Hill 2002; Nina Verheyen, *Diskussionslust. Zur Kulturgeschichte des »besseren Arguments« in*

Westdeutschland 1945–1973, Göttingen 2010; Hans-Peter Schwarz, Der Geist der fünfziger Jahre, in: ders., *Die Ära Adenauer. Gründerjahre der Republik, 1949–1957*, Stuttgart 1981, S. 375–464.

IV. Eine Welt ohne Familie

1 Udo di Fabio, *Die Kultur der Freiheit*, München 2005, S. 142; ähnlich Norbert Bolz, *Die Helden der Familie*, München 2006, S. 44.

2 Christina von Hodenberg/Detlef Siegfried, Reform und Revolte. 1968 und die langen sechziger Jahre in der Geschichte der Bundesrepublik, in: dies. (Hg.), *Wo »1968« liegt. Reform und Revolte in der Geschichte der Bundesrepublik*, Göttingen 2006, S. 10; Axel Schildt, *Ankunft im Westen. Ein Essay zur Erfolgsgeschichte der Bundesrepublik*, Frankfurt/M. 1999, S. 90–92.

3 Dass es sich dabei um keinen »Sonderweg« der westdeutschen Geschichtsschreibung handelt, steht außer Frage; siehe Arthur Marwick, *The Sixties. Cultural Revolution in Britain, France, Italy, and the United States, c. 1958–1974*, Oxford 1998, S. 3–4.

4 Karl Markus Michel, Muster ohne Wert: Westdeutschland 1965, in: ders., *Die sprachlose Intelligenz*, Frankfurt/M. 1968, S. 63–124, hier: S. 72 [zuerst in: *Kursbuch*, Nr. 4, Februar 1966].

5 Lynn Hunt, *The Family Romance of the French Revolution*, Berkeley 1992.

6 Cornelius von Heyl, Autorität, in: Friedrich Karrenberg (Hg.), *Evangelisches Soziallexikon*, 4. Aufl., Stuttgart 1963, Sp. 129–131; Heinz-Dietrich Wendland, Partnerschaft, in evangelischer Sicht, in: ebd., Sp. 960–961.

7 Wilhelm Hehlmann, Autorität, in: ders. (Hg.), *Wörterbuch der Pädagogik*, 4., vollständig neubearbeitete Aufl., Stuttgart 1953, S. 33.

8 Siehe das facetten- und aufschlussreiche Themenheft »Autorität«, in: *Magnum. Zeitschrift für das moderne Leben*, Nr. 53, April 1964. Vielbeachtet Hans-Rudolf Müller-Schwefe, *Welt ohne Väter. Gedanken eines Christen zur Krise der Autorität*, Hamburg 1962 [1957]; Theodor Eschenburg, *Über Autorität*, Frankfurt/M. 1965.

9 Ingrid Gilcher-Holtey, *Die 68er Bewegung. Deutschland – Westeuropa – USA*, München 2001, S. 61; gewitzt und selbstironisch: Jenny Diski, *The Sixties*, New York 2009.

10 Adolf Schüle, Demokratie als politische Form und als Lebensform, in: *Rechtsprobleme in Staat und Kirche. FS Rudolf Smend*, Göttingen 1952, S. 321–344, hier: S. 326, 329.

11 Carlo Schmid, Die Demokratie als Lebensform, in: *Mannheimer Hefte*, Jg. 1970, H. 1, S. 8–12, hier: S. 11–12; siehe auch ders., Demokratie – die Chance, den Staat zu vermenschlichen, in: *Meyers Enzyklopädisches Lexikon*, 9. Aufl., Bd. 6, Mannheim 1972, S. 409–415.

12 Theodor Heuss, Um Deutschlands Zukunft (18. März 1946), in: ders., *Aufzeichnungen 1945–1947*, hg. von Eberhard Pikart, Tübingen 1966, S. 184–208, hier: S. 195, 199; ders., Stilfragen der Demokratie (1955), in: Martin Vogt (Hg.), *Theodor Heuss. Politiker und Publizist. Aufsätze und Reden*, Tübingen 1984, S. 450–465.

13 Kimba A. Tichenor, *Religious Crisis and Civic Transformation. How Conflicts over Gender and Sexuality Changed the West German Catholic Church*, Waltham 2016; Nancy Christie/Michael Gauvreau (Hg.), *The Sixties and Beyond. Dechristianization in North America and Western Europe, 1945–2000*, Toronto 2013; zu Weimar: Rebecca Heinemann, *Familie zwischen Tradition und Emanzipation. Katholische und sozialdemokratische Familienkonzeptionen in der Weimarer Republik*, München 2004.

14 Dirk Schumann, Legislation and Liberalization. The Debate About Corporal Punishment in Schools in Postwar West Germany, 1945–1975, in: *German History* 25 (2007), S. 192–218.

15 Till van Rahden, Wie Vati die Demokratie lernte. Religion, Familie und die Frage der Autorität in der frühen Bundesrepublik, in: Daniel Fulda/Dagmar Herzog/Stefan-Ludwig Hoffmann/Till van Rahden (Hg.), *Demokratie im Schatten der Gewalt. Geschichten des Privaten im deutschen Nachkrieg*, Göttingen 2010, S. 122–152.

16 Zur Geschichte dieser Lebensformen: Karin Bock/Nina Göddertz/Franziska Heyden/Miriam Mauritz (Hg.), *Zugänge zur Kinderladenbewegung*, Wiesbaden 2020; Detlef Siegfried, *Time Is On My Side. Konsum und Politik in der westdeutschen Jugendkultur der 60er Jahre*, Göttingen 2006; Sven Reichardt, *Authentizität und Gemeinschaft. Linksalternatives Leben in den siebziger und frühen achtziger Jahren*, Berlin 2014; Christina von Hodenberg, *Das andere Achtundsechzig. Gesellschaftsgeschichte einer Revolte*, München 2018.

17 Horst-Eberhard Richter, *Patient Familie. Entstehung, Struktur und Therapie von Konflikten in Ehe und Familie*, Reinbek bei Hamburg 1970; ders., *El-*

tern, Kind und Neurose. Psychoanalyse der kindlichen Rolle, Reinbek bei Hamburg 1969.

18 Hilde Berndt, Kommune und Familie, in: *Kursbuch*, Nr. 17, Juni 1969, S. 129–146; Zitat im Zitat: Erich Fromm, Sozialpsychologischer Teil, in: Max Horkheimer (Hg.), *Studien über Autorität und Familie*, Paris 1936, S. 87.

19 Karin Schrader-Klebert, Die kulturelle Revolution der Frau, in: *Kursbuch*, Nr. 17, Juni 1969, S. 1–46, hier: S. 25, 37; mit ironischer Distanz dagegen: Hazel E. Hazel, *Unwissenschaftliche Betrachtungen eines weiblichen Monsters*, in: ebd., S. 47–51.

20 Rudi Dutschke, Die Widersprüche des Spätkapitalismus, die antiautoritären Studenten und ihr Verhältnis zur Dritten Welt, in: Uwe Bergmann/Rudi Dutschke/Wolfgang Lefèvre/Bernd Rabehl, *Rebellion der Studenten oder Die neue Opposition*, Reinbek bei Hamburg 1968, S. 33–57, hier: S. 55; ders., Vom Antisemitismus zum Antikommunismus, in: ebd., S. 58–85, hier: S. 68.

21 Christl Bookhagen/Eike Hemmer/Jan Raspe/Eberhard Schulz/Marion Stergar, *Kommune 2. Versuch der Revolutionierung des bürgerlichen Individuums. Kollektives Leben mit politischer Arbeit verbinden!*, Berlin 1969, S. 69–70.

22 Helmut Kentler, Die Wohngruppe als gesellschaftliche Institution, in: Johannes Feil (Hg.), *Wohngruppe, Kommune, Großfamilie. Gegenmodelle zur Kleinfamilie*, Reinbek 1972, S. 7–19, hier: S. 8; im Februar 1969 leitete Kentler die Abteilung Sozialpädagogik und Erwachsenenbildung am Pädagogischen Zentrum Berlin; einen Namen hatte er sich zunächst als Experte für Sexualerziehung gemacht. Seine wissenschaftliche Reputation und sein öffentliches Ansehen nutzte Kentler, um im Auftrag des Berliner Senats Jugendliche an pädosexuelle Pflegeväter zu vermitteln. Die Forderung nach einer freien Sexualität diente hier als Vorwand für den sexuellen Missbrauch von Kindern und Jugendlichen; Jan-Henrik Friedrichs, »Freie Zärtlichkeit für Kinder«. Gewalt, Fürsorgeerziehung und Pädophiliedebatte in der Bundesrepublik der 1970er Jahre, in: *Geschichte und Gesellschaft* 44 (2018), S. 554–585.

23 Peter Fischer, *Schlaraffenland, nimms in die Hand. Kochbuch für Gesellschaften, Kooperativen, Dichterversammlungen u. a. Menschenversammlungen* [1975], Berlin 2014, S. 10–11.

24 Hille Jan Breiteneicher/Rolf Mauff/Manfred Triebe u. Autorenkollektiv

Lankwitz, *Kinderläden. Revolution der Erziehung oder Erziehung zur Revolution?*, 2. Aufl., Reinbek 1971, S. 14, 108–109.

25 Staatsarchiv Bremen, Material Bremer Kinder-Centrum, Bestand 7, 197, Nr. 5, »Pädagogische Konzeptionen«. Siehe auch Peter Kuckuk, Entstehung und Entwicklung des »Bremer Kinder-Centrums«, in: Christoph Butterwege/Hans G. Jansen (Hg.), *Neue soziale Bewegungen in einer alten Stadt*, Bremen 1992, S. 117–127. Dieser Befund trifft auch auf andere Städte abseits der Zentren der Revolte zu. In Regensburg etwa fand das Leitbild der »fortschrittlichen Erziehung« und der »Erziehung zur Partnerschaft« viel Zustimmung; siehe: Eleganter Kindergarten im Stadtwesten eröffnet, in: *Mittelbayerische Zeitung*, 13./14. Dezember 1975 (zit. nach Stadtarchiv Regensburg, Sterl, Zeitungsausschnittssammlung, 961, Vorschulische Erziehung), Diemut Schnetz, Elterninitiative – wozu?, in: *Regensburger Eltern*, Nr. 15, April 1973, S. 12, sowie: Das Gespräch aus der Ferne, in: *Regensburger Eltern*, Nr. 13, Februar 1973, S. 11: »Urteilsfähige Demokraten werden nicht geboren, sondern erzogen. [...] Der Erziehung [...] fällt deshalb in unserer Demokratie eine von uns allen in ihrer Tragweite noch immer nicht erkannte gesellschaftspolitische Bedeutung zu« (beide zit. nach: Stadtarchiv Regensburg, Vorzimmer Sozialamt 539).

26 Staatsarchiv Bremen, Material Bremer Kinder-Centrum, Bestand 7, 197, Erster Zwischenbericht über die Arbeit des Bremer Kinder-Centrums, August 1970.

27 Staatsarchiv Bremen, 7, 197, Nr. 8, Protokolle BKC, Informationsveranstaltung für die Presse am 16. März 1970.

28 Anneliese Bornheim, Renommier-Prolet unbezahlbar. Bremer Kindergartenprojekt mit Hauch von Exklusivität, in: *Frankfurter Rundschau*, 24. Juni 1970.

29 Hans Magnus Enzensberger, Ein Gedanke für die Zukunft, in: *Kursbuch*, Nr. 11, Januar 1968, S. 170.

30 Gèza Kirchknopf, Vom elastischen Familienverband zur Kommune, in: *Kursbuch*, Nr. 14, August 1968, S. 110–115; ders., *Liebe zu viert. Ehepartnertausch in der Bundesrepublik*, Hamburg 1969.

31 Kirchknopf, Vom elastischen Familienverband, S. 111–112.

32 Ebd., S. 113–114.

33 Ebd., S. 114–115.

34 Bookhagen u. a., *Kommune 2*, S. 299.

35 Wolfgang Röhl/Detlef Schneider, Kommunen in Deutschland, in: *Konkret. Kultur und Politik,* 7. Oktober 1968, Nr. 12, S. 20–25, hier: S. 20.

36 Katia Sadoun/Valeria Schmidt/Eberhard Schultz (Hg.), *Berliner Kinderläden. Antiautoritäre Erziehung und sozialistischer Kampf,* Köln 1970, S. 190.

37 Gerhard Bott (Hg.), *Erziehung zum Ungehorsam. Kinderläden berichten aus der Praxis der antiautoritären Erziehung,* 2. Aufl., Frankfurt/M. 1970, S. 63.

38 Monika Seifert, Zur Theorie der antiautoritären Kindergärten, in: *Konkret. Kultur und Politik,* 27. Januar 1969, Nr. 3, S. 42–43. Im Rückblick: dies., Kann die Kinderladenbewegung einen allgemeingültigen Beitrag zur Frage von Möglichkeiten kindlicher Autonomie leisten? in: Herbert Nagel/Monika Seifert (Hg.), *Nicht für die Schule leben. Freie Schule Frankfurt – ein alternativer Schulversuch,* Frankfurt/M. 1977, S. 29–41; Wilma Aden-Grossmann, *Monika Seifert. Pädagogin der antiautoritären Erziehung,* Frankfurt/M. 2014.

39 Zumindest wenn wir Google Ngram glauben: https://books.google.com/ngrams/graph?content=Erziehung+ohne+Zwang&case_insensitive=on&year_start=1800&year_end=2000&corpus=20&smoothing=3&share=&direct_url=t1%3B%2CErziehung%20ohne%20Zwang%3B%2Cc0; letzter Zugriff: 3. September 2019. Symptomatisch für den Zauber, der bereits um 1960 von dem Schlagwort der »Erziehung ohne Zwang« ausging ist, die Kritik bei Hans Müller-Eckhard, *Erziehung ohne Zwang. Kritik der Wunschbildpädagogik,* Freiburg 1965.

40 Ulrike Meinhof, Demokratie spielen, in: *Konkret. Kultur und Politik,* April 1968, Nr. 4, S. 2–3. Als das Mitglied des Bundesvorstandes des SDS, Hans-Jürgen Krahl, bei einem Teach-In am 15. April 1968 zur »Zerschlagung der bestehenden Institutionen« aufrief, wies ihn ausgerechnet ein Funktionär der noch immer verbotenen KPD darauf hin, allein die Tatsache, dass der SDS hier diskutieren dürfe, beweise doch, dass »die Bundesrepublik kein faschistischer Staat ist«; nach: Peter Pragal, Statt Spaziergängen die direkte Aktion. Die pazifistische Ostermarschbewegung sieht sich mehr und mehr durch den SDS radikalisiert, in: *Süddeutsche Zeitung,* 16. April 1968, Nr. 92.

41 Marion Gräfin Dönhoff, Ein Staat für Demokraten. Die Bundesrepublik nach zwanzig Jahren, in: *Die Zeit,* 23. Mai 1969, Nr. 21, S. 1.

42 Hans Matthöfer, Die Mitbestimmung in einer demokratischen Gesellschaft, in: Günther Müller (Hg.), *Die Zukunft der SPD. Sozial-demokratische Konzeption für die Zukunft,* Hamburg 1968, S. 109–115, hier: S. 110–111.

43 Carlo Schmid, Die Demokratie als Lebensform, in: *Mannheimer Hefte,*

Jg. 1970, H. 1, S. 8–12; Rudolf Walter Leonhardt, *Wer wirft den ersten Stein? Minoritäten in einer züchtigen Gesellschaft*, München 1969; Krüger, Horst, Kinder des Liberalismus, in: *Die Zeit*, 18. Oktober 1968, Nr. 42, S. 17–18; Theodor Eschenburg, Affären, Tricks, Beziehungen. Kritische Anmerkungen zu Krankheitssymptomen des öffentlichen Lebens, in: *Die Zeit*, 1. November 1968, Nr. 44, S. 32.

44 Rosemarie Volkersen, Antiautoritäre Erziehung, in: Eberhard Rauch/Wolfgang Anzinger (Hg.): *Wörterbuch Kritische Erziehung*, 2. Aufl., Starnberg 1972, S. 12–15, hier: S. 13–14.

45 Adelheid von Saldern, Markt für Marx. Literaturbetrieb und Lesebewegungen in der Bundesrepublik in den Sechziger- und Siebzigerjahren, in: *Archiv für Sozialgeschichte* 44 (2004), S. 149–180, hier: S. 155–160, 169.

46 Umso bemerkenswerter ist, dass die Vordenker der Kommunen und Kinderläden damals überzeugt waren, ihnen schlage allein Hass und Ablehnung entgegen. Siehe etwa: Breiteneicher u.a., *Kinderläden*, S. 147; Röhl/Schneider, Kommunen in Deutschland, S. 22.

47 Gisela Stelly, Probe auf ein Erziehungsexempel. In Berlin: ›Aktionsgruppe‹ gibt keine Informationen, in: *Die Zeit*, 24. Januar 1969, S. 50; Sepp Binder, Erst das Kind und dann die Politik. In Frankfurt am Main: Prinzip Selbstregulierung, in: *Die Zeit*, 24. Januar 1969, Nr. 4, S. 50.

48 Aufrechter Gang, in: *Der Spiegel*, 26. Oktober 1970, Nr. 44, S. 62–66, 71–90, hier: S. 62–63.

49 mg., Ohne Osterhase und Repression. Eltern gründeten Bremer Kinder-Centrum, in: *Weser-Kurier*, 18. März 1970; ts., Am Dobben Beispiel geben. Im »Kinder-Centrum« wird von jungen Eltern Selbsthilfe praktiziert, in: *Bremer Bürgerzeitung*, 23. Oktober 1970, Nr. 43.

50 Ruth Dirx, Demokratie? Auf dem Spielplatz, in: *Frau und Mutter. Mitgliederzeitschrift der Katholischen Frauengemeinschaft* 51 (1968), Februarheft, S. 134–135; ähnlich Dietmar Mieth/Hubert Bour, Religiöse Erziehung – autoritäre, antiautoritäre oder autoritative Erziehung? in: *Diakonia. Internationale Zeitschrift für die Praxis der Kirche* 4 (1973), H. 1, S. 61–68.

51 Dieter Stoll, Elefanten sind noch größer. Schwedisches Familienstück fordert Familiendemokratie, in: *Top, Hallo. Das Jugendmagazin*, Nr. 4, April 1971, S. 20–21.

52 mt., Die Zukunft gehört der Großfamilie. In der Wall-Kommune ist man davon überzeugt, in: *Weser-Kurier*, 7./8. November 1970, Nr. 263; Sonja Eichholz, Geborgen in der Kommune, in: *Bremer Nachrichten*, 7. Novem-

ber 1970, Nr. 264; wol., Wohnmodell Steilshoop: Erste Bilanz, in: *Frankfurter Allgemeine Zeitung*, 29. Juli 1974, S. 6.

53 Gruppenehe. Wenn wir vier Ehepaare zusammenleben, dann gibt es 16 Möglichkeiten…, in: *Eltern. Die Zeitschrift für die schönsten Jahre des Lebens*, 7. April 1969, Nr. 4, S. 60–66, hier: S. 62.

54 Johannes Zielinski, Das ist die ideale Gemeinschaft für die Familie von morgen, in: *Eltern. Die Zeitschrift für die schönsten Jahre des Lebens*, 7. April 1969, Nr. 4, S. 64.

55 Gruppenehe, in: *Eltern. Die Zeitschrift für die schönsten Jahre des Lebens*, 5. Mai 1969, Nr. 5, S. 304–309, hier: S. 304; Wolfgang Metzger, Jeder Umzug wird eine kleine Tragödie, in: ebd., S. 306–308, hier: S. 306; Theodor Hellbrügge, Jedes Kind hat viele Geschwister – herrlich, in: ebd., S. 308–309.

56 Peter Appelbaum/Belinda Davis, Curriculum for Disobedience. Raising Children to Transform Adults, in: *JCT: Journal of Curriculum Theorizing* 29 (2013), H. 1, S. 134–170, hier: S. 167.

57 Arianna Giachi, Autoritär – antiautoritär. Die Praxis in den Kindergärten ist meistens ein Kompromiß, in: *Frankfurter Allgemeine Zeitung*, 13. Januar 1973, Beilage Bilder und Zeiten, S. 6.

58 Theodor Eschenburg, Autorität, in: *Meyers Enzyklopädisches Lexikon*, 9. Aufl., Bd. 3, Mannheim 1972, S. 217–222.

59 Kristina Schulz, *Der lange Atem der Provokation. Die Frauenbewegung in der Bundesrepublik und Frankreich 1968–1976*, Frankfurt/M. 2002; Myra M. Ferree, *Feminismen. Die deutsche Frauenbewegung in globaler Perspektive*, Frankfurt/M. 2018.

60 https://www.cdu.de/system/tdf/media/dokumente/080215-grundsatzprogramm-kurzfassung.pdf?file=1.

61 Wolfram Müller-Freienfels, *Ehe und Recht*, Tübingen 1962, S. 216, 233–234; Ferdinand Sutterlüty, Normative Paradoxes of Child Welfare Systems. An Analysis with a Focus on Germany, in: *International Journal of Children's Rights* 25 (2017), H. 1, S. 196–230.

62 Michael Schneider, Transit durchs Reich linker Melancholie. Über den Lyriker Thomas Brasch, in: *Wespennest*, 1980, H. 39; wieder in: ders., *Den Kopf verkehrt aufgesetzt oder Die melancholische Linke. Aspekte des Kulturzerfalls in den 70er Jahren*, 2. Aufl., Darmstadt 1982.

63 Richard Rorty, *Kontingenz, Ironie und Solidarität*, Frankfurt/M. 1989.

64 Lesenswert: Reinhard Mohr, *Zaungäste. Die Generation, die nach der Re-*

volte kam, Frankfurt/M. 1992; Peter Renner, *Griff in die Luft. Roman*, München 2003; Anke Stelling, *Schäfchen im Trockenen. Roman*, Berlin 2018; Otthein Rammstedt/Gert Schmidt (Hg.), *BRD ade! Vierzig Jahre in Rück-Ansichten von Sozial- und Kulturwissenschaftlern*, Frankfurt/M. 1992.

V. Der Verlust der Mitte

1 Die Schwimmer müssen Abschied nehmen. Parkbad-Türen werden heute für immer geschlossen, in: *Offenbach-Post*, 21. Juni 1992 (nach Haus der Stadtgeschichte – Archiv, Offenbach, Mappe 163a,/127); ajw., Das Epochensymbol endet unter der Spitzhacke, in: *Frankfurter Allgemeine Zeitung*, 20. Juni 1992 (nach Mappe 46. Herrnstraße. Sondermappe 1).

2 Die »Badestube« der Offenbacher. Festliche Einweihung des neuen Schwimmbades im Büsingpark, in: *Offenbach-Post*, 17. April 1961; Das neue Parkbad ist ein Schmuckstück Offenbachs, in: *Offenbach-Post*, 15. April 1961 (nach: Mappe 163a/49); *Programm zur Einweihung unseres Parkbades, Herrnstraße 76*, Offenbach am Mai, 15. April 1961, in Mappe 163a/48; das Programmheft verwechselte vermutlich Peter Tschaikowsky und Georges Bizet.

3 Zahlen nach: Freudentag für ›Wasserratten‹. Projekt kostete über vier Millionen Mark, in: *Frankfurter Rundschau*, 5. April 1961 (nach Mappe 163a/47); Hallenbad geht ins Stadtparlament. Offenbacher Stadtverordnete sollen das 3,5 Millionen-Projekt des Magistrats billigen, in: *Offenbach-Post*, 20. Juni 1958 (Mappe 163a/46); Elisabeth Regge, Im Offenbacher Parkbad ist immer Saison, in: Magistrat der Stadt Offenbach (Hg.), *Offenbach heute und morgen*. Red. Lothar Braun, Offenbach 1969, S. 4–5.

4 Hallenbad geht ins Stadtparlament. Offenbacher Stadtverordnete sollen das 3,5 Millionen-Projekt des Magistrats billigen, in: *Offenbach-Post*, 20. Juni 1958 (nach Mappe 163a/46); siehe auch Magistrat Hauptamt. Verwaltungs-Beirat für Werke und Betriebe, Stadtarchiv Offenbach, Fasz. 552/3 sowie https://www.offenbach.de/rathaus/rathaus-aktuell/archiv/jahr_2010/news_1441195118171.php. Zu Wuppertal: Matthias Oloew, *Schwimmbäder. 200 Jahre Architekturgeschichte des öffentlichen Bades*, Berlin 2019, S. 206–212, Zitate: S. 207.

5 Entwurf für ein Hallenbad der Stadt Offenbach a. M., in: *Archiv des Badewesens* 10 (1957), Nr. 11, S. 364–365.

6 Das Parkbad in Offenbach. Eine der interessantesten Badplanungen der Nachkriegszeit, in: *Der Lebensretter* 26 (1961), Nr. 3 (Sonderausgabe Offenbach), S. 82.

7 Bildserien des Presse- und Informationsamtes in Mappe 163a/139 (Aufnahmen: Paul Förster, Offenbach) sowie ebd., 156 (Aufnahmen: W. A. Nagel, Hanau am Main); Postkarten in Mappe 163a/42, 43. Siehe auch: Am 15. April wird das neue Hallenschwimmbad eröffnet, in: Magistrat der Stadt Offenbach Hg., *Offenbach-Programm*, April 1961, S. 1f., sowie Elisabeth Regge, Im Offenbacher Parkbad ist immer Saison, in: Magistrat der Stadt Offenbach (Hg.), *Offenbach heute und morgen*. Red. Lothar Braun, Offenbach 1969, S. 4–5.

8 Michael Groß schon in Form, in: *Die Welt*, 26. November 1984, Nr. 277.

9 Parkbad modernisieren! Dieter Faulenbach fordert eine Generalüberholung, in: *Offenbach-Post*, 22./23. März 1980; Wird das Parkbad geopfert? Alternative wären teure Reparaturen, in: *Offenbach-Post*, 6. Februar 1981, S. 15 (nach: Mappe 163a/58).

10 Sind die Stunden des Parkbades gezählt? Ferdi Walther: Mit der Isolierung hapert es, in: *Frankfurter Rundschau*, 4. Januar 1983.

11 a. k., Risse in der Decke zwingen zur Vorsicht. Parkbad seit gestern geschlossen, in: *Frankfurter Allgemeine Zeitung*, 1. August 1985. (Mappe 163a/5); Parkbad ist seit gestern vorsorglich geschlossen, in: *Frankfurter Rundschau*, 1. August 1985; Probleme mit Hallenbad seit Jahren bekannt. SPD: Schon 1980 Generalüberholung gefordert, in: *Frankfurter Neue Presse. Tagesanzeiger*, Region Offenbach, 12. August 1985 (Mappe 163a/94).

12 a. k., Von Wärmedämmung ist keine Rede. Parkbad wird heute wiedereröffnet, Bauarbeiten gegen weiter, in: *Frankfurter Allgemeine Zeitung*, 5. Februar 1986 (M 163a/21).

13 Andreas Emmerich, Parkbad reif für den Abriß? Stadtbaurat: »Neues Konzept am alten Ort nicht zu machen«, in: *Offenbach-Post*, 10. Dezember 1984, S. 6.

14 Nachdenken über die Zukunft des Parkbades. Sportpolitische Sprecherin der CDU-Fraktion erwägt Neubau, in: *Offenbach-Post*, 3./4. August 1985 (nach: Mappe 163a, 18).

15 a. k., Ungewisse Zukunft für das »Symbol einer Epoche«. Keine Absturzgefahr im Parkbad, trotzdem hätten viele gegen einen Abriß nichts einzu-

wenden, in: *Frankfurter Allgemeine Zeitung*, 19. November 1985, S. 269, S. 39. (nach: Mappe 163a/18); Verblüffende Vision: Hotel statt Parkbad. Große Lösung für Bad und Palais? in: *Offenbach-Post*, 4. November 1985, S. 19 (Mappe 163a/70).

16 Architekten aus Offenbach und Hanau kämpfen für den Erhalt des Parkbades, in: *Frankfurter Rundschau*, 24. April 1986 (Mappe 163a/73); Flugblatt: Auch Chefsachen können baden gehen. Bemerkungen zur Situation der Offenbacher Bäder, April 1991. Peter Hammerich und Astrid Ost (Mappe 163a/123).

17 OF muß sparen: Straßen dunkler? Parkbad zu? Büsing privatisiert? in: *Offenbach-Post*, 23. Oktober 1987 (Mappe 163a/84).

18 Reuter kündigt endgültiges »Aus« für das Parkbad an, in: *Offenbach-Post*, 2./3. Juli 1988 (Mappe 163a/99); Hotel im Büsingpark: Die SPD gibt das Parkbad endgültig auf, in: *Offenbach-Post*, 22. November 1988 (Mappe 163a/110).

19 ajw., Koalition in Offenbach geht in der Schwimmbadfrage nicht baden, in: *Frankfurter Allgemeine Zeitung*, 13. Juni 1992; Bernhard Pelka, Park- und Stadtbad stehen kurz vor dem Abriß. Entrümpelung hat begonnen, in: *Offenbach-Post*, 8. Oktober 1992 (beide in Mappe M 46).

20 Regierungspräsident sagt nein zum neuen Hallenbad. Erlös aus der »Herrnstraße« soll Schulden tilgen, in: *Frankfurter Rundschau*, 19. September 1991; ajw., Bald Großstadt ohne ein einziges Hallenbad? Nur 6,5 Millionen Mark stehen für geplanten Neubau auf der Rosenhöhe zur Verfügung, in: *Frankfurter Allgemeine Zeitung*, 31. März 1992 (beide in Mappe 46. Herrnstraße. Sondermappe 1).

21 Schwimmunterricht für die Grundschüler bald außerhalb. Pendelverkehr kostet pro Jahr mindestens 100.000 Mark, in: *Offenbach-Post*, 14. Mai 1992 (in Mappe M 46); https://www.fr.de/rhein-main/fdp-org26312/offenbach-seit-jahren-kein-eigenes-11010896.html; zu Island: Eric Klinenberg, *Palaces for the People*, S. 154.

22 *Programm zum Richtfest Stadtforum Offenbach am Büsing Park*, 10. Juni 1994 (Mappe 46. Herrnstraße. Sondermappe 1); Zitate nach: Siegfried Scholz, »Ein richtiges Produkt Ort in der richtigen Stadt«. 400 Ehrengäste feiern ein Riesenrichtfest für das 130 Millionen teure »Stadtforum Offenbach«, in: *Frankfurter Rundschau*, 11. Juni 1994; ajw., Arabella-Hotel eröffnet im Sommer '95. Grandke lobt »Stadtforum« als gelungene architektonische Bereicherung, in: *Frankfurter Allgemeine Zeitung*, 11. Juni 1994,

S. 54. Rüdiger Köhn, Bayerischer Unternehmer: Stefan Schörghuber gestorben, in: *Frankfurter Allgemeine Zeitung*, 25. November 2008.

23 *Herzlich Willkommen! Stadtforum Offenbach am Büsing Park*. Werbebroschüre der Bayerischen Immobilienverwaltung, vermutlich 1995 (Mappe 46. Herrnstraße. Sondermappe 1).

24 Christian Welzbacher, Hässlichkeit ist nicht einmal die halbe Wahrheit. Jeder hat seine Meinung zu Offenbach, doch die meisten liegen mit ihr falsch, in: *Frankfurter Allgemeine Zeitung*, 26. Juni 2018, S. 9–10, Zitat: S. 9.

25 Interview mit Matthias Schulze-Böing, in: Peter Cachola Schmal/Oliver Elser/Anna Scheuermann (Hg.), *Making Heimat. Germany, Arrival Country. 15. Mostra Internazionale di Architettura la Biennale di Venezia*, Ostfildern 2016, S. 249–261, bes. S. 261.

26 Georg Bennecke, Das deutsche Volksbad im Volks- und Wirtschaftsleben. Vortrag auf dem Tag des deutschen Badewesens am 4. Juni 1925 in Karlsruhe, in: *Das Bad*, Jg. 1925, Nr. 7, S. 68–71; zit. nach: Oloew, *Schwimmbäder*, S. 90; siehe auch: Jeff Wiltse, *Contested Waters. A Social History of Swimming Pools in America*, Chapel Hill 2007, S. 2–3; Eric Klinenberg, *Palaces for the People. How Social Infrastructure Can Help Fight Inequality, Polarization, and the Decline of Civic Life*, New York 2018, S. 154–159. *Ex negativo* zeigt sich die Bedeutung des kommunalen Schwimmbads in dem Furor, mit dem Städte und Gemeinden im Nationalsozialismus Juden von dessen Besuch ausgeschlossen wurden; Jacob Borut, Struggles for Spaces: Where Could Jews Spend Free Time in Nazi Germany?, in: *Leo Baeck Institute Year Book* 56 (2011), S. 307–350, hier: S. 313–320.

27 Siegfried Kracauer, Über Arbeitslager, in: *Frankfurter Zeitung*, 1. Oktober 1932, wieder in: ders., *Aufsätze 1928–1931* (Werke, Bd. 5.4), Frankfurt/M. 2011, S. 201–213, Zitate: S. 204.

28 Alexa Geisthövel, Der Strand, in: Alexa Geisthövel/Habbo Knoch (Hg.), *Orte der Moderne. Erfahrungswelten des 19. und 20. Jahrhunderts*, Frankfurt/M. 2016, S. 121–130, Zitate: S. 127.

29 Kracauer, Über Arbeitslager, S. 204–205.

30 Splashes, in: *Beach Pool*, November 1939, S. 13; zit. nach: Wiltse, *Contested Waters*, S. 208.

31 Marion Löhndorf, Immer mehr öffentliche Plätze werden in London privatisiert. Ist das ein Ausverkauf an demokratischen Rechten oder ein Zuwachs an Freiheit? – Eine Erkundungstour, in: *Neue Zürcher Zeitung*, 15. März 2018.

32 Statt vieler: Jane Jannke, Sachsenbad für alle! (?). Ein privater Investor soll es für 24 Millionen Euro sanieren. Die Pieschener fürchten um seinen sozialen Charakter, in: *Drobs. Die Dresdner Straßenzeitung*, Jg. 2018, H. 7/8, S. 12–13; Bibliotheken. Das Sterben geht weiter, in: *Die Volksstimme* [Magdeburg], 28. Januar 2016: https://www.volksstimme.de/sachsen-anhalt/bibliotheken-das-sterben-geht-weiter. Marode Schulen: Wenn der Putz von den Wänden bröckelt, *WDR 5 Stadtgespräch*, 7. März 2019: https://www1.wdr.de/radio/wdr5/sendungen/stadtgespraech/marode-schulen-essen-100.html; Hannelore Kraft, »Wir brauchen Ihre Vorschläge«. Marode Schulgebäude, schlechte Ausstattung? Ein Land krempelt jetzt die Ärmel hoch, in: *Der Schulmanager* 1 (2016), H. 4, S. 10–11.

33 Margaret Kohn, *Brave New Neighborhoods. The Privatization of Public Space*, New York 2004; Rüdiger Graf (Hg.), *Ökonomisierung. Debatten und Praktiken in der Zeitgeschichte*, Göttingen 2019; Philipp Ther, *Die neue Ordnung auf dem alten Kontinent. Eine Geschichte des neoliberalen Europa*, Berlin 2014.

34 Jens Kersten/Claudia Neu/Berthold Vogel, *Politik des Zusammenhalts. Über Demokratie und Bürokratie*, Hamburg 2019, bes. S. 138–140, Zitat: S. 140. Allgemein: Michael Walzer, *Radical Principles. Reflections of an Unreconstructed Democrat*, New York 1980, S. 13, 16–19; Richard Murphy, *The Joy of Tax. How a Fair Tax System can Create a Better Society*, London 2016; Bonnie Honig, *Public Things. Democracy in Disrepair*, New York 2017; Pierre Dardot/Christian Laval, *Commun. Essai sur la révolution du XXIe siècle*, Paris 2014; Michael Sandel, *Was man für Geld nicht kaufen kann. Die moralischen Grenzen des Marktes*, Berlin 2012; Klinenberg, *Palaces for the People*; Joëlle Zask, *Quand la place devient publique*, Lormont 2018; Lisa Herzog, Konkrete Demokratie wagen, in: Hanna Ketterer/Karina Becker (Hg.), *Was stimmt nicht mit der Demokratie?* Berlin 2019, S. 196–202, bes. S. 200–202.

Literaturhinweise

Grundsätzliches

Addams, Jane, *Democracy and Social Ethics* (1902), Chicago 2002.

Balibar, Étienne, *Gleichfreiheit. Politische Essays*, Berlin 2012.

Baranowski, Brad, The Unending Conversation. Kenneth Burke and Richard McKeon's Aesthetic Pragmatism, 1920–1960, in: *Modern Intellectual History* 15 (2018), S. 153–184.

Berlin, Isaiah, Zwei Freiheitsbegriffe, in: ders., *Freiheit. Vier Versuche*, Frankfurt/M. 1995, S. 197–256.

Bobbio, Norberto, *Die Zukunft der Demokratie*, Berlin 1988.

Böckenförde, Ernst-Wolfgang, Demokratie als Verfassungsprinzip, in: Josef Isensee/Paul Kirchhof (Hg.), *Handbuch des Staatsrechts der Bundesrepublik Deutschland. Bd. II: Verfassungsstaat*, 3., völlig neubearbeitete und erweiterte Aufl., Heidelberg 2004, S. 429–496.

Crick, Bernard, *Democracy. A Very Short Introduction*, Oxford 2002.

Dahl, Robert A., *After the Revolution. Authority in a Good Society* [1970], New Haven 1990.

Dardot, Pierre/Christian Laval, *Commun. Essai sur la révolution du XXIe siècle*, Paris 2014.

Dewey, John, *Die Öffentlichkeit und ihre Probleme*, Bodenheim 1996.

Dewey, John, *Kunst als Erfahrung* [1934], Frankfurt/M. 1988.

Dunn, John (Hg.), *Democracy. The Unfinished Journey 508 AD to 1993*, Oxford 1993.

Früchtl, Josef, Ein Sinn für Gemeinschaftlichkeit und Streit. Stanley Cavells Komödie der Demokratie, in: Eike Brock/Maria-Sibylla Lotter (Hg.), *Besser geht's nur in der Komödie. Cavell über die moralischen Register von Literatur und Film*, Freiburg 2019, S. 25–47.

Glaser, Eliane, Folk Politics. How Close to Death is Democracy?, in: *Times Literary Supplement*, 19. Januar 2019.

Heins, Volker, *Der Skandal der Vielfalt. Geschichte und Konzepte des Multikulturalismus*, Frankfurt/M. 2013.

Hirschman, Albert O., Social Conflicts as Pillars of Democratic Market Society, in: *Political Theory* 22 (1994), S. 203–218.

Honig, Bonnie, *Public Things. Democracy in Disrepair*, New York 2017.

Hook, Sidney, Democracy as a Way of Life, in: *Southern Review* 4 (1938), H. 1, S. 45–57.

Kant, Immanuel, Idee zu einer allgemeinen Geschichte in weltbürgerlicher Absicht [1784], in: ders., *Schriften zur Ästhetik und Naturphilosophie. Text und Kommentar*, hg. v. Manfred Frank/Véronique Zanetti, Bd. 1, Frankfurt/M. 2001, S. 321–338.

Kant, Immanuel, Zum ewigen Frieden und Auszüge aus der Rechtslehre [1795/96], hg. v. Oliver Eberl/Peter Niesen, Berlin 2011.

Kateb, George, *The Inner Ocean. Individualism and Democratic Culture*, Ithaca 1992.

Keane, John, *The Life and Death of Democracy*, New York 2009.

Kelsen, Hans, *Verteidigung der Demokratie. Abhandlungen zur Demokratietheorie*, Tübingen 2006.

Kelsen, Hans, *Vom Wesen und Wert der Demokratie*, Tübingen 1920.

Kersten, Jens/Claudia Neu/Berthold Vogel, *Politik des Zusammenhalts. Über Demokratie und Bürokratie*, Hamburg 2019.

Krastev, Ivan, *Democracy Disrupted. The Global Politics of Protest*, Philadelphia 2014.

Maier, Charles, Democracy and Its Discontents, in: *Foreign Affairs* 73, H. 4, Juli/August 1994, S. 48–64.

Manow, Philip, *Im Schatten des Königs. Die politische Anatomie demokratischer Repräsentation*, Frankfurt/M. 2008.

McKeon, Richard P. (Hg.), *Democracy in a World of Tensions. A Symposium Prepared By Unesco*, Chicago 1951.
Möllers, Christoph, *Demokratie – Zumutungen und Versprechen*, Berlin 2008.
Nolte, Paul, *Die 101 wichtigsten Fragen. Demokratie*, München 2015.
Novak, David, *The Jewish Social Contract. An Essay in Political Theology*, Princeton 2005.
Plessner, Helmuth, *Die Grenzen der Gemeinschaft. Eine Kritik des sozialen Radikalismus* [1924], Frankfurt/M. 2002.
Przeworski, Adam, *Crises of Democracy*, Cambridge 2019.
Randeria, Shalini/Ludger Hagedorn/Katharina Hasewend (Hg.), *Wenn Demokratien demokratisch untergehen*, Wien 2019.
Richardson, Henry S., Art. Demokratie, in: Stefan Gosepath/Wilfried Hinsch/Beate Rössler (Hg.), *Handbuch der politischen Philosophie und Sozialphilosophie*, Bd. 1, Berlin 2008, S. 206–211.
Ringen, Stein, Wealth and Democracy. Norway funds a massive political self-examination – and finds trouble for all, in: *Times Literary Supplement*, 13. Februar 2004, S. 3–5.
Ringen, Stein, *What Democracy is For. On Freedom and Moral Government*, Princeton 2007.
Rousseau, Jean-Jacques, *Vom Gesellschaftsvertrag oder Grundsätze des Staatsrechts* [1762], Stuttgart 2018.
Scharpf, Fritz W., *Demokratietheorie zwischen Utopie und Anpassung*, Konstanz 1970.
Schmidt, Manfred G., *Demokratietheorien. Eine Einführung*, 5. Aufl., Wiesbaden 2010.
Schnapper, Dominique, *L'esprit démocratique des lois*, Paris 2014.
Schumpeter, Joseph A., *Kapitalismus, Sozialismus und Demokratie* [1942], 9. Aufl., Tübingen 2018.
Shapiro, Ian, *The State of Democratic Theory*, Princeton 2003.
Taylor, Charles, Democratic Degeneration. Three Easy Paths to Regression, in: *The Berlin Journal*, American Academy, November

2017: https://www.americanacademy.de/democratic-degeneration-three-easy-paths-regression/.

Taylor, Charles, Democratic Exclusion and Its Remedies, in: ders., *Dilemmas and Connections. Selected Essays*, Cambridge 2010, S. 124–145.

Taylor, Charles, *Modern Social Imaginaries*, Durham 2004.

Tocqueville, Alexis de, *Über die Demokratie in Amerika*, hg. v. Jacob P. Mayer, 2 Bde., Stuttgart 1959/1962.

Tully, James, *Strange Multiplicity. Constitutionalism in an Age of Diversity*, Cambridge 1995.

Urbinati, Nadia, *Me the People. How Populism Transforms Democracy*, Cambridge 2019.

Vorländer, Hans, *Demokratie. Geschichte, Formen, Theorien*, 3., überarbeitete Aufl., München 2019.

Walzer, Michael, *Radical Principles. Reflections of an Unreconstructed Democrat*, New York 1980.

Warnke, Martin, Demokratie als Torso. Ein Beispiel aus der Politischen Ikonographie, in: Jörg Dierken (Hg.), *Geisteswissenschaften in der Offensive. Hamburger Standortbestimmungen*, Hamburg 2009, S. 276–286.

Willett, Cynthia, *Irony in the Age of Empire. Comic Perspectives on Democracy and Freedom*, Bloomington 2008.

Young, Iris M., *Inclusion and Democracy*, Oxford 2000.

Zeitgenössisches

Agnoli, Johannes/Peter Brückner, *Die Transformation der Demokratie*, Frankfurt/M. 1968.

Arndt, Adolf, *Demokratie als Bauherr* (Anmerkungen zur Zeit 6), Berlin 1961.

Borgmann, Karl, Völker werden aus Kinderstuben. Um die rechte Ordnung in der Familie, in: *Frau und Mutter. Monatsschrift für die katholische Frau in Familie und Beruf* 35 (1952), S. 4–5.

Bracher, Karl Dietrich, Staatsbegriff und Demokratie in Deutschland, in: *Politische Vierteljahresschrift* 9 (1968), H. 1, S. 2–27.

Dahrendorf, Ralf, *Gesellschaft und Demokratie in Deutschland*, München 1965.

Dirx, Ruth, Demokratie? Auf dem Spielplatz, in: *Frau und Mutter. Mitgliederzeitschrift der Katholischen Frauengemeinschaft* 51 (1968), Februarheft, S. 134–135.

Elon, Amos, *In einem heimgesuchten Land. Reise eines israelischen Journalisten in beide deutsche Staaten*, München 1966.

Forster, E. M., What I Believe, in: *The Nation*, 16. Juli 1938; wieder in: ders., *Two Cheers for Democracy*, 1951; ND Harmondsworth 1972, S. 75–84.

Friedrich, Carl Joachim, *Demokratie als Herrschafts- und Lebensform*, Heidelberg 1959.

Habermas, Jürgen, Die Bundesrepublik – eine Wahlmonarchie?, in: Alfred Neven Dumont (Hg.), *Woher – Wohin. Bilanz der Bundesrepublik*, Magnum, Sonderheft 1961, S. 26–29.

Harpprecht, Klaus, Die Lust zur Normalität, in: *Magnum. Zeitschrift für das moderne Leben*, H. 29, April 1960, S. 17–19.

Heinemann, Gustav, Was heißt Demokratie? in: *Kirche in der Zeit* 6 (1951), Nr. 13–14, S. 165.

Hennis, Wilhelm, *Die mißverstandene Demokratie. Demokratie – Verfassung – Parlament. Studien zu deutschen Problemen*, Freiburg 1973.

Hentig, Hartmut von, Demokratisierung, in: Hans Jürgen Schultz (Hg.), *Politik für Nichtpolitiker. Ein ABC zur aktuellen Diskussion*, Stuttgart 1969; ND München 1972, S. 86–99.

Heuss, Theodor, Um Deutschlands Zukunft (18. März 1946), in: ders., *Aufzeichnungen 1945–1947*, hg. von Eberhard Pikart, Tübingen 1966, S. 184–208.

Knoeringen, Waldemar von/Peter Glotz, *Mobilisierung der Demokratie. Ein Beitrag zur Demokratiereform*, München 1966.

Leibholz, Gerhard, Freiheitliche demokratische Grundordnung, in: *Schicksalsfragen der Gegenwart. Handbuch politisch-historischer Bildung, Bd. 5, Lebensbereiche und Lebensordnungen*, hg. vom Bundesministerium für Verteidigung. Innere Führung, Tübingen 1960, S. 18–29.

Michel, Karl Markus, Muster ohne Wert: Westdeutschland 1965, in: ders., *Die sprachlose Intelligenz*, Frankfurt/M. 1968, S. 63–124.

Neal, Fred Warner, Democracy, in: Julius Gould/William L. Kolb (Hg.), *A Dictionary of the Social Sciences, under the auspices of the UNESCO*, New York 1964, S. 187–188.

Niebuhr, Reinhold, *Die Kinder des Lichts und die Kinder der Finsternis. Eine Rechtfertigung der Demokratie und eine Kritik ihrer herkömmlichen Verteidigung*, München 1947.

Plessner, Helmuth, Wir fragten: Inwiefern hat die Bundesrepublik ihre Erwartungen erfüllt oder nicht? in: Alfred Neven Dumont (Hg.), *Woher – Wohin. Bilanz der Bundesrepublik*, Magnum, Sonderheft 1961, S. 20.

Ridder, Helmut, Männer und Frauen sind gleichberechtigt. Ein Plädoyer, in: Karl Dietrich Bracher (Hg.), *Die moderne Demokratie und ihr Recht. Fs. Gerhard Leibholz, Bd. 2: Staats- und Verfassungsrecht*, Tübingen 1966, S. 219–236.

Sailer, R., Demokratie beginnt in der Familie, in: *Der Männer-Seelsorger* 2 (1952), Nr. 1, S. 26.

Scheffler, Erna, Ehe und Familie, in: Karl August Bettermann/Hans Carl Nipperdey/Ulrich Scheuner (Hg.), *Die Grundrechte. Handbuch der Theorie und Praxis der Grundrechte, Bd. 4, Grundrechte und institutionelle Garantien*, Berlin 1960, S. 245–323.

Scheidgen, Hubert, Das Vaterbild in der Krise, in: *Das Reich der Landfrau. Mitteilungen der deutschen Landwirtschafts-Gesellschaft* 81, H. 23, 9. Juni 1966, S. 185.

Schmid, Carlo, Demokratie – die Chance, den Staat zu vermenschlichen, in: *Meyers Enzyklopädisches Lexikon*, 9. Aufl., Bd. 6, Mannheim 1972, S. 409–415.

Schmid, Carlo, Die Demokratie als Lebensform, in: *Mannheimer Hefte*, Jg. 1970, H. 1, S. 8–12.

Schottlaender, Felix, *Zwang und Freiheit. Ein Versuch über die Entstehung des Terrors in Deutschland*, Stuttgart 1946.

Schüle, Adolf, Demokratie als politische Form und als Lebensform, in: *Rechtsprobleme in Staat und Kirche. FS Rudolf Smend*, Göttingen 1952, S. 321–344.

Sontheimer, Kurt, Demokratie, in: *Evangelisches Soziallexikon*. Im Auftrag des Deutschen Evangelischen Kirchentages herausgegeben von Friedrich Karrenberg, 4., neu bearbeitete Aufl., Stuttgart 1963, S. 248–252.

Sternberger, Dolf, *Autorität, Freiheit und Befehlsgewalt*, Tübingen 1959.

Stoll, Dieter, Elefanten sind noch größer. Schwedisches Familienstück fordert Familiendemokratie, in: *Top, Hallo. Das Jugendmagazin*, Nr. 4, April 1971, S. 20–21.

Whitman, Walt, Song of the Broad-Axe. 5: The Great City, in: ders., *Leaves of Grass*, Washington 1871, S. 170–171.

Historisches

Albrecht, Clemens/Günter C. Behrmann/Michael Bock/Harald Homann/Friedrich H. Tenbruck (Hg.), *Die intellektuelle Gründung der Bundesrepublik. Eine Wirkungsgeschichte der Frankfurter Schule*, Frankfurt/M. 2000.

Auslander, Leora, *Cultural Revolutions. The Politics of Everyday Life in Britain, North America and France*, Oxford 2009.

Baecque, Antoine de (Hg.), *Une histoire de la démocratie en Europe*, Paris 1991.

Benhabib, Seyla/Stefan Eich, Restructuring Democracy and the Idea of Europe, in: Peter E. Gordon/Warren Breckman (Hg.), *The Cambridge History of Modern European Thought, Bd. 2, The Twentieth Century*, Cambridge 2019, S. 545–568.

Berman, Sheri, *Democracy and Dictatorship in Europe. From the Ancien Régime to the Present Day*, New York 2019.

Betts, Paul, *The Authority of Everyday Objects. A Cultural History of West German Industrial Design*, Berkeley 2004.

Cohen, Lizabeth, *Making A New Deal. Industrial Workers in Chicago, 1919–1939*, Cambridge 1990.

Conway, Martin, The Rise and Fall of Western Europe's Democratic Age 1945–1973, in: *Contemporary European History* 13 (2004), S. 67–88.

Conway, Martin, *The Sorrows of Belgium. Liberation and Political Reconstruction, 1944–1947*, Oxford 2012.

Conze, Werner/Hans Maier/Christian Meier/Hans Leo Reimann, Demokratie, in: *Geschichtliche Grundbegriffe*, Bd. 1, Stuttgart 1972, S. 821–899.

Eley, Geoff, *Forging Democracy. The History of the Left in Europe, 1850–2000*, Oxford 2002.

Fenske, Michaela, *Demokratie erschreiben. Bürgerbriefe und Petitionen als Medien politischer Kultur, 1950–1974*, Frankfurt/M. 2013.

Finley, Moses I., *Antike und moderne Demokratie*, Stuttgart 1988.

Forner, Sean A., *German Intellectuals and the Challenge of Democratic Renewal. Culture and Politics after 1945*, Cambridge 2014.

Fulda, Daniel/Dagmar Herzog/Stefan-Ludwig Hoffmann/Till van Rahden (Hg.), *Demokratie im Schatten der Gewalt. Geschichten des Privaten im deutschen Nachkrieg*, Göttingen 2010.

Gauchet, Marcel, *L'avènement de la démocratie*, 4 Bde., Paris 2007–2017.

Hacke, Jens, *Existenzkrise der Demokratie. Zur politischen Theorie des Liberalismus in der Zwischenkriegszeit*, Berlin 2018.

Hacke, Jens, *Philosophie der Bürgerlichkeit. Die liberalkonservative Begründung der Bundesrepublik*, Göttingen 2006.

Höhn, Maria, *GIs and Fräuleins. The German-American Encounter in 1950s West Germany*, Chapel Hill 2002.

Innes, Joanna/Mark Philp (Hg.), *Re-imagining Democracy in the Age of Revolutions. America, France, Britain, Ireland 1750–1850*, Oxford 2013.

Innes, Joanna/Mark Philp (Hg.), *Re-Imagining Democracy in the Mediterranean, 1780–1860*, Oxford 2018.

Isakhan, Benjamin/Stephen Stockwell (Hg.), *The Edinburgh Companion to the History of Democracy. From Pre-History to Future Possibilities*, Edinburgh 2015.

Kaplan, Temma, *Democracy. A World History*, Oxford 2015.

Kenney, Padraic, *A Carnival of Revolution. Central Europe 1989*, Princeton 2002.

Lilla, Mark, The Other Velvet Revolution. Continental Liberalism and Its Discontents, in: *Daedalus* 123 (1994), H. 2, S. 129–157.

Maase, Kaspar, *BRAVO Amerika. Erkundungen zur Jugendkultur der Bundesrepublik in den fünfziger Jahren*, Hamburg 1992.

Maier, Charles A., Italien und Deutschland nach 1945. Von der Notwendigkeit des Vergleichs, in: Gian Enrico Rusconi/Hans Woller (Hg.), *Parallele Geschichte? Italien und Deutschland 1945–2000*, Berlin 2006, S. 35–53.

Maier, Charles A., The Two Postwar Eras and Conditions for Stability in Twentieth Century Western Europe, in: *American Historical Review* 86 (1981), S. 327–367.

Müller, Jan-Werner, *Das demokratische Zeitalter. Eine politische Ideengeschichte Europas im 20. Jahrhundert*, Berlin 2013.

Nord, Philip, *The Republican Moment. Struggles for Democracy in Nineteenth-Century France*, Cambridge 1995.

Palmer, Robert R., *The Age of the Democratic Revolution. A Political History of Europe and America, 1760–1800*, 2 Bde., Princeton 1959/1964.

Schildt, Axel, *Ankunft im Westen. Ein Essay zur Erfolgsgeschichte der Bundesrepublik*, Frankfurt/M. 1999.

Schissler, Hanna (Hg.), *The Miracle Years. A Cultural History of West Germany, 1949–1968*, Princeton 2001.

Schregel, Susanne, *Der Atomkrieg vor der Wohnungstür. Eine Politikgeschichte der neuen Friedensbewegung in der Bundesrepublik, 1970–1985*, Frankfurt/M. 2011.

Schwarz, Hans-Peter, Der Geist der fünfziger Jahre, in: ders., *Die Ära Adenauer. Gründerjahre der Republik, 1949–1957*, Stuttgart 1981, S. 375–464.

Schwarz, Hans-Peter, Die ausgebliebene Katastrophe. Eine Problemskizze zur Geschichte der Bundesrepublik, in: Hermann Rudolph (Hg.), *Den Staat denken. Theodor Eschenburg zum Fündundachtzigsten*, Berlin 1990, S. 151–174.

Tenbruck, Friedrich H., Alltagsnormen und Lebensgefühle in der Bundesrepublik, in: Richard Löwenthal/Hans-Peter Schwarz (Hg.), *Die zweite Republik. 25 Jahre Bundesrepublik Deutschland – eine Bilanz*, Stuttgart 1974, S. 288–310.

Ullrich, Sebastian, *Der Weimar-Komplex. Das Scheitern der ersten deutschen Demokratie und die politische Kultur der frühen Bundesrepublik 1945–1959*, Göttingen 2009.

Verheyen, Nina, *Diskussionslust. Zur Kulturgeschichte des »besseren Arguments« in Westdeutschland 1945–1973*, Göttingen 2010.

Wackwitz, Stephan, *Die Bilder meiner Mutter*, Frankfurt/M. 2015.

Wilentz, Sean, *Chants Democratic. New York City and the Rise of the American Working Class, 1788–1850*, New York 1984.

Wolloch, Iser, *The Postwar Moment. Progressive Forces in Britain, France, and the United States after World War II*, New Haven 2019.

Danksagung

Wer Wissenschaft treibt, begibt sich nicht auf sicheres, sondern auf unsicheres Gelände. Es ist schön, wenn man auf diesen Ab- und Umwegen in guter Gesellschaft ist. In Köln begleiteten mich Larissa Förster, Daniel Fulda, Patricia Hayes, Sidonie Kellerer, Guido Lammers, Aribert Reimann, Natalie Scholz, Susanne Schregel, Frank Suder, Hans-Peter Ullmann, Nina Verheyen und Sabine Wolf. In Chicago wusste ich Leora Auslander, Michael Geyer und Andreas Glaeser an meiner Seite. In Montreal kam Widerspruch und Ermunterung von Karin Bauer, Afef Benessaieh, Cornelius Borck, Nicholas Dew, Rebekka Habermas, Volker Heins, Talbot Imlay, Marion Kaplan, Gilad Margalit, Nikola von Merveldt, Kristina Schulz, Ulrich Sieg, Martina Steber, Anoush Terjanian, Annette Timm, Jakob Vogel und Andreas Wirsching. In Berlin erhielt ich Impulse von Ute Frevert, Eva Giloi, Dieter Gosewinkel, Catherine Newmark, Paul Nolte, Hannah Schissler und Stefanie Schüler-Springorum. In Freiburg durfte ich mit Patrick Bernhard, Mark Greengrass, Lucy Riall, Ariane und Jakob Tanner sowie Björn Weiler diskutieren. In Mainz begleiteten mich Fabian Klose und Johannes Paulmann, in Innsbruck Ingrid Böhler, Ekkehard Hey-Ehrl und Dirk Rupnow. In Wien erhielt ich Anregungen von Aleida Assmann, Jan Biba, Christa Hämmerle, Vladimir Malakhov, Shalini Randeria, Jyotirmaya Sharma und Miloš Vec. In Bad Homburg beziehungsweise Frankfurt unterstützten mich Gabriele Annas, Seyla Benhabib, Heinz Drügh, Andreas Fahrmeir, Rainer Forst, Josef Früchtl, Rinku Lamba, Peter Niesen, Dmitri Nikulin, Nicole Reinhardt, Michael Rosen, Ingrid Rudolph, Felix Steilen, Beate und Ferdinand Sutterlüty, Michael

Stolleis, Johannes Voelz und Fabio Wolkenstein. In dieser Form geht das Buch auf eine Initiative von Isabell Trommer zurück. Auf ihr klares Urteil und ihren klugen Rat, ihre Geduld und Ungeduld konnte ich mich verlassen. Ihnen allen danke ich von Herzen.

Je länger die Reise, desto wichtiger die Reisekasse. Für finanzielle und logistische Unterstützung und wunderbare Arbeitsbedingungen stehe ich in der Schuld der Alexander von Humboldt-Stiftung, der Fritz Thyssen Stiftung, dem Albert Hirschman Centre on Democracy, Genf, dem Max-Planck-Institut für Bildungsforschung, Berlin, dem Freiburg Institute for Advanced Study, dem International Kolleg Morphomata in Köln, dem Institut für die Wissenschaften vom Menschen in Wien, dem Leibniz Institut für Europäische Geschichte in Mainz, dem Canada Research Chair Program, dem Centre canadien d'études allemandes et européennes, dem Exzellenzcluster »Die Herausbildung normativer Ordnungen«, Frankfurt, und vor allem dem Forschungskolleg Humanwissenschaften in Bad Homburg, wo ich das Buch abschließen konnte.

Sowohl mein Sohn David als auch Luise, Frederik und Jonathan haben die Entstehung des Buches manchmal skeptisch, manchmal gleichmütig beobachtet. Ich bin zuversichtlich, dass das Experiment der Demokratie bei ihnen gut aufgehoben ist. Ohne Julia hätte ich dieses Buch nicht geschrieben. Danke.